¿Vegano yo?

LAURA BARRERA

¿Vegano yo?

Diseño de portada: Marvin Rodríguez
Fotografías de portada: © Shutterstock / Maks Narodenko
Fotografía de autora: Blanca Charolet

© 2017, Norma Barrera

Derechos reservados

© 2017, Editorial Planeta Mexicana, S.A. de C.V.
Bajo el sello editorial DIANA M.R.
Avenida Presidente Masarik núm. 111, Piso 2
Colonia Polanco V Sección
Deleg. Miguel Hidalgo
C.P. 11560, Ciudad de México
www.planetadelibros.com.mx

Primera edición: febrero de 2017
ISBN: 978-607-07-3868-5

Impreso en los talleres de Litográfica Ingramex, S.A. de C.V.
Centeno núm. 162-1, colonia Granjas Esmeralda, Ciudad de México
Impreso y hecho en México – *Printed and made in Mexico*

*A mi madre, por ser la inspiración
y la fortaleza de mi vida.*

Primero fue necesario civilizar al hombre
en relación con el hombre.
Ahora es necesario civilizar al hombre
en relación con la naturaleza y los animales [...]
En las relaciones entre el hombre y los animales,
las flores, y todos los objetos de la creación,
hay una gran ética.
Una ética, apenas percibida como tal,
que a la larga saldrá a la luz,
y será el complemento de la ética humana.
Victor Hugo

Creemos que lo contrario al amor es el odio,
pero en realidad es la indiferencia.
Elie Wiesel

Introducción
El placer de ser vegano

You say you want a revolution
Well, you know
We all want to change the world.
You tell me that it's evolution
Well, you know
We all want to change the world [...].
You say you got a real solution
Well, you know
We'd all love to see the plan.
You ask me for a contribution
Well, you know
We're all doing what we can.

Revolution, The Beatles

¿Vegana yo?

Como a la mayoría de los niños, me encantaban los animales. La casa en que habitábamos tenía un pequeño jardín donde abundaban catarinas, lagartijas y hormigas de dos colores, las negras, que trepaban confiadamente por nuestros dedos, y las rojas, que se comportaban como carritos chocones, cambiando de dirección al toparse con nuestros dedos. En tiempos de lluvia, aparecían lombrices indolentes que no se preocupaban por nuestra presencia. Luego de mucho observar a los insectos e intentar, sin éxito, tener a una hormiga como mascota, entendí que había que pasar al siguiente nivel. Quise tener una mascota verdadera con la que pudiera interactuar. Desafortunadamente, las cosas no resultaron como yo hubiera querido: los dos perritos que mi padre llevó a casa, pronto cambiaron de manos a instancias de mi madre y para desconsuelo de los cuatro niños de la casa. Alguna vez mi abuelo nos regaló un pato que, una vez mayor, acabó en el Lago de Chapultepec perseguido y picoteado por los nada solidarios integrantes de sus especie. La última imagen que tengo de aquel episodio es a mi padre remando a toda velocidad ante la mirada atónita del animal, incapaz de alcanzarnos. En otra ocasión, una empleada doméstica nos hizo el favor de llevarnos un guajolote. Mis hermanos y yo nos encariñamos con el ave, cuya estancia resultaba un tanto inconveniente, entre muchas otras cosas por sus sonoros e inoportunos cloqueos en las madrugadas. Poco antes de Nochebuena, el animal desapareció misteriosamente. Esa noche, mientras cenábamos pavo, los niños no dejamos de lamentar la pérdida. Hasta ahí llegó mi experiencia infantil con animales.

Ya mayor, escuché, en compañía de mi sobrino, el maullido de un gato. Salimos a la calle, y por pura humanidad lo rescatamos de su escondite en la llanta de un auto. Durante tres días le busqué un hogar. Cada nueva posibilidad me parecía más peligrosa o indigna para la criatura. Así, como que no quiere la cosa, me fui quedando con él. Antes de cumplirse una semana supe que no nos separaríamos. Desde entonces —hace más de dos décadas—, los gatos han formado parte de mi vida. Mi sobrino bautizó al recién llegado con el nombre de Toffy. Era atigrado, con rayas marrón y manchas blancas en las patas y el cuello. Era un animal de enormes y penetrantes ojos verdes. Le encantaba jugar a las escondidas, salirle al paso a la gente para sorprenderla y traerme las pelotas de goma que le arrojaba. Fue un aventurero y gran cazador. Se escapaba por las tardes trepando la enredadera de casa, y regresaba poco antes del anochecer, frecuentemente con una pluma delatora colgándole del hocico. Una tarde en que Toffy tardó en regresar, salí a buscarlo algo nerviosa. Tras recorrer las calles aledañas, el vigilante de un edificio vecino me preguntó qué buscaba.

—¡A mi gato!

—Uy, pues hace algunas horas un coche atropelló a un gatito aquí enfrente, a lo mejor es ese. Fíjese que hay un hilito de sangre que va hasta el hueco aquel, entre su casa y el edificio de junto.

Efectivamente, Toffy no había tenido un buen día. Con una lámpara de mano pude ver en la negrura de aquel recoveco el reflejo de la luz en su retina. Al tener los ojos abiertos, supe que estaba consciente. Luego de algunas complejas maniobras y con la ayuda de mi padre, logré sacarlo del escondite en el que se resguardó para morir. Dos veterinarios me aseguraron que no había nada que hacer, que lo más prudente era la eutanasia pues había perdido 80 por ciento de su sangre, además de tener desprendida la mandíbula y casi todos los dientes. El pronóstico no podía ser peor. Aun si sobrevivía, el pobre Toffy no podría alimentarse por el daño en los dientes. No me resigné a perderlo y acudí a un veterinario más. Ante mi insistencia, me dijo que intentaría una complicada intervención. «Aunque las esperanzas son pocas; no se haga ilusiones».

Mi gato pasó cuatro horas en el quirófano. El médico nos advirtió que sería un milagro si lograba recuperarse. Tres semanas después el animal se las arreglaba con la maltrecha dentadura para masticar alimentos sólidos y aprendió a caminar de nuevo gracias a un dispositivo que ideó mi padre. Luego de seis meses había florecido de tal manera que parecía que el accidente lo había fortalecido y la cercanía con la muerte le había insuflado un apego a la vida aún más intenso. Aumentó su vivacidad y el gusto por convivir con personas y otros animales. Aumentó su natural hedonismo y sus habilidades trepadoras mejoraron. Su piel y sus ojos nunca fueron tan resplandecientes. El improbable milagro del que habló el doctor, ocurrió. Toffy vivió con nosotros trece años —quizá los más felices de mi vida—, y se fue de este mundo en mis brazos sabiendo que lo amaba. Mi amor por Toffy se extendió a otras especies. Empecé a visitar refugios cercanos a mi casa y me di cuenta del abandono que sufrían muchos perros y gatos. *Debía* hacer algo.

Mi primer contacto con una organización que defendía a los animales y sus hábitats fue a mediados de los años ochenta, cuando estudiaba Preparatoria. Nos informaron que un grupo de ecologistas nos visitaría para mostrarnos su proyecto. Así conocí la historia que dio origen a Greenpeace, la lucha contra las pruebas nucleares en la minúscula isla de Amchitka, situada al sudoeste de Alaska, donde, en 1969, Estados Unidos había realizado ensayos nucleares con la consecuente destrucción del hogar de numerosas especies y la contaminación de los mares. Hasta ese momento, yo no tenía idea de los hechos. En aquel entonces la organización pugnaba principalmente por el cese de la cacería comercial de ballenas en aguas internacionales. Inmediatamente me sentí identificada. ¡Cómo no! Mi generación presenció la caída del Muro de Berlín y fue testigo (y protagonista) del fin de las utopías, o eso se decía. Fue la primera en utilizar las herramientas informáticas, a pesar de haber sido educada en los medios tradicionales. Era una generación que se suponía apática; pero no hay juventud apática, de eso estoy segura, y la mía buscó nuevos ideales. La defensa del medio ambiente era un estandarte que había que tomar. Y ahí voy yo. De buenas a primeras me había convertido en ecologista.

Mi apoyo a Greenpeace no ha cesado y supongo que continuará, pero paulatinamente descubrí que mi interés iba más allá de la conservación de los animales por su valor dentro de un ecosistema. Me interesaban como individuos. De algún modo sabía que la vida late con ritmo único e irrepetible en cada animal, como en cada uno de nosotros. Supongo que quien ha convivido con animales inevitablemente se ha maravillado de su comportamiento. Lo que en los seres humanos llamamos *personalidad*, también está presente en ellos. Sin embargo, empecé a entender que hemos sido condicionados para creer que la distancia entre nosotros y el resto de los animales es un abismo y no un puente que nos comunica, una liga inseparable del proceso evolutivo que nos hermana. Me preocupaba, claro, la desaparición de especies, pero me empezó a interesar aún más su bienestar. Pensaba en su dolor, el que les infligimos en las más diversas formas.

Escuché el término «vegano» hace ocho años, durante una conferencia a la que asistí. La impartían dos expertos, uno de Argentina y la otra de España. Parecía que la charla trataba sobre el mejoramiento de las leyes que protegen a los animales, pero iba mucho más allá. Los presentadores fueron enunciando diversos actos cotidianos dañinos para los animales en los que, sin saberlo ni quererlo, participan las personas comunes y bien intencionadas. Ese era mi caso. No solo hablaron, como era de esperarse, de la crueldad hacia perros y gatos, o de la extinción de las especies, sino de la explotación de millones de animales en granjas de producción intensiva, su uso en experimentos, transporte y diversiones como el circo o las corridas de toros. En aquella plática vi por primera vez el mundo, mi mundo, como una maquinaria que devora a cuanta criatura puede, ya sea por su inteligencia, su belleza o su utilidad en cualquier campo; por placer, por codicia o por indolencia. ¿Qué se podía hacer? ¿Había alguna alternativa? Al final de la conferencia los ponentes dieron a conocer sus propuestas. El moderador dijo que ante la explotación atroz hacia los animales, los conferencistas habían decidido dejar de comer cualquier alimento de origen animal, dejar de vestir con pieles y cuidaban que los productos que adquirían no hubiesen sido probados en animales. Tampoco asistían a espectáculos que involucraran animales. Es decir, se habían hecho veganos.

Vaya. Eso sí que era valiente. Sentí admiración por ellos, pero de ningún modo parecía una opción para mí. ¿Vegana yo? No. O bueno... tal vez algún día. La avispa que hacía tiempo revoloteaba en mi cabeza había clavado su aguijón.

No provengo de una familia ni remotamente vegetariana. Mi abuelo materno, uno de los personajes más carismáticos de mi infancia, fue, entre muchas otras cosas, un cocinero imaginativo que tuvo un salón de baile para luego convertirse en hotelero y posteriormente en dueño de una plaza de toros ambulante y de una fonda taurina. La vida familiar giraba en torno a lo que se desayunaría, comería o cenaría. La cochinita pibil, el caldo ranchero, la pancita, el hígado encebollado o el pozole formaban parte de un menú familiar que era el corazón de reuniones alegres y ruidosas. Todos aquellos episodios familiares y platillos de mi infancia son, más que alimentos, señas, divisas de una niñez alegre en la que los pequeños éramos el centro de atención y los alimentos el eje rector del itinerario familiar.

El tema de la alimentación es quizás el más complejo del veganismo, pues no tiene que ver exclusivamente con asuntos alimenticios o gustativos, sino que involucra aspectos emocionales. La comida está vinculada con nuestra memoria emocional, con la vida familiar y con la cultura. No eran los chiles en nogada, sino el hábito gozoso de recorrer los restaurantes para elegir el mejor chile de la temporada septembrina. Tampoco era el caldo de pollo, sino mi madre vertiendo en nuestro plato su amor y cuidados cuando enfermábamos. Los aromas y sabores nos hacen viajar por nuestra biografía. Y claro, está el gusto que hemos desarrollado por ciertos platillos, la costumbre y la disponibilidad de alimentos que tenemos a nuestro alrededor. Mi debilidad eran los lácteos, desde quesos frescos como el Oaxaca hasta los de abolengo (y sabor) más rancio, entre ellos el brie y el camembert.

Poco a poco fui superando estos vínculos entre la comida y el afecto. Tratando de ser un tanto más objetiva, se despertó mi interés por la nutrición. Por primera vez supe qué nutrimentos debía consumir diariamente y cómo debía combinar los alimentos. Encontré restaurantes y productos que no imaginé que existían, y empecé a acudir a clases de cocina vegana con la complicidad de mi madre.

Aunque la alimentación es un tema primordial en el veganismo, hay otros asuntos como el uso de pieles y cuero, que siempre me habían gustado por su belleza y suntuosidad. Fui coleccionista de botines, sacos o abrigos de piel de cerdo, vaca, zorro o conejo, ¡qué sé yo! Desde luego, no me detenía a pensar en el origen de los artículos. Uno no va por la vida preguntando de dónde salieron los zapatos que usa, en qué condiciones se obtuvo el material de la bolsa o el portafolio que ha comprado, como tampoco se suele pensar en el origen de los alimentos que se consumen. Unos zapatos son unos zapatos y no un pedazo de piel de un animal, como un *hot dog* es un *hot dog*, y no un pan con un fragmento procesado de un ser sintiente. Casi nadie suele pensar en esos términos. Si alguna vez me pareció algo extraño que un abrigo que adquirí hubiese sido elaborado con piel de venado, pronto me conformé con imaginar que serían venados criados en alguna granja y que de ningún modo estaba poniendo en peligro a una especie, cosa que no me habría permitido. ¡Qué va! ¡Yo era una simpatizante comprometida de Greenpeace! En alguna ocasión llegué por azar —o eso creo—, a una página que mostraba la producción de pieles de zorro. Las imágenes eran tan impactantes que decidí cerrar el portal de inmediato e intenté olvidar el asunto.

Con estos antecedentes no parecía fácil adoptar el veganismo. Pero bueno, nada se perdía con intentarlo. Fui dejando de consumir ciertos productos en forma paulatina y, sobre todo, *clandestina*, como quien hace algo prohibido. Quizá temía la incomprensión de mi familia y amigos. Había cierto pudor, dudas. No sabía si tendría el valor para sostener mi decisión. Hacerme vegana me parecía que equivalía a negar de algún modo mi historia. Desde luego, no es necesario ser vegano para estar en contra del maltrato a los animales, pero era la alternativa que me llamaba.

Durante la primera parte de mi vida como vegana leí mucho sobre filosofía, ética y biología. Busqué información sobre la situación de los animales en la elaboración de alimentos y demás productos de uso común como la ropa, los cosméticos o los medicamentos. Jamás había caído en cuenta de la presencia de los animales en nuestra vida cotidiana, no como animales sino como insumos, no como seres vivos y sintientes, sino como cosas. Acudí con especialistas y con personas que ya eran veganas. La práctica vegana ha sido para mí, propiamente, un asunto luminoso y un gran territorio por explorar.

Si en un inicio creí que entraba a una vida de abstinencia, pronto se abrió una puerta distinta que conducía a nuevas formas de disfrutar, de sentirme satisfecha y segura de mis convicciones. Conforme avanzaba mi proceso de *veganización* me transformé en una consumidora más atenta a aquello que formaba parte de mi alimentación primordial, pero también me hice consciente de los cosméticos, los productos de limpieza, la ropa y, en general, de todos mis consumos. Me sentí bien con ello y me quedó claro que el veganismo es un estilo de vida que tiene como principio respetar a todos los seres sintientes, pero que esto no es una limitación del placer o del bienestar propio sino una expansión. Ser vegano puede ser un hallazgo ético y, al mismo tiempo, una celebración de la vida, consecuencia lógica del hallazgo. Así, con el paso del tiempo, decidí hacerme responsable de mi decisión. Si en un principio fui vegana encubierta, ahora entendía que el veganismo es un ideario y, en cierto sentido, una postura política. Por tanto, correspondía manifestarlo.

Cuando uno dice por primera vez «soy vegano» en su círculo más íntimo, la reacción es de pronóstico reservado. Para comenzar, hay que explicar a varias personas qué es eso del veganismo. En un principio me pesaban las bromas o descalificaciones que surgían de algunos amigos o familiares. No es raro que uno comience a delatarse en alguna comida. Tarde o temprano los allegados acababan descubriendo que no era inapetencia, sino que sistemáticamente ya no consumía carne, lácteos, huevos y demás. Adoptar una postura frente a un sistema del cual todos somos partícipes, beneficiarios y, al mismo tiempo, damnificados, requiere empeño y vigor.

Gracias a mi trabajo como periodista, me acerqué a activistas y a organizaciones de defensa de animales. Inicié un programa de televisión llamado *Instinto animal*, que me permitió conocer mucha gente involucrada en movimientos de respeto a los animales. Entendí que su defensa es un tema tan amplio y diverso como el número de personas implicadas en él. No encontré consenso, sino un enorme disenso que hacía del movimiento animalista y del veganismo un hueso duro de roer —no puede expresarse mejor—. Por un lado, ha sido doloroso acceder a las informaciones e imágenes de maltrato animal a las que tuve que someterme con motivo de la investigación para la serie. A veces no queremos enterarnos de ciertas cosas, pero creo que debemos saberlas. Por otra parte, me resultó estimulante y esperanzador encontrar a un gran número de personas dispuestas a luchar por el bienestar de los seres indefensos ante el abuso.

Con frecuencia me preguntan si no extraño mis antiguos alimentos. En un inicio sí, mucho. Ahora, de vez en cuando. Sin embargo, esos placeres se han vuelto irrelevantes y frente a ellos he encontrado otros distintos y profundamente satisfactorios. Si acaso he perdido interés por mucho de aquello que antes disfruté hoy me complacen otras actividades, otros sabores, otro estilo de vida. Y no, no he traicionado a nadie, ni a mi niñez ni a mi madre y sus guisos ni a las alegres reuniones familiares.

Una experiencia sin límite

Lo más emocionante de vivir no es encontrar quiénes somos sino inventarnos a nosotros mismos. Podemos hacerlo, y de hecho lo hacemos de distinta manera a lo largo de la existencia. ¿Por qué entonces no aprovechar el cambio que implica hacerse vegano para mejorar otros aspectos de tu vida? Quizá desde hace tiempo has pensado en bajar de peso, hacer ejercicio o dejar de fumar, la eterna lista de propósitos incumplidos que cada fin de año desempolvas y vuelves a pegar en el espejo. No hay que esperar a que acabe un año más para transformar aquello con lo que no estás conforme, lo que no te hace feliz. El veganismo es, en sí mismo, una reinvención, pues genera nuevas concepciones sobre lo conocido y lo aprendido, redimensiona nuestra historia y nos impulsa a nuevos comportamientos. Propone una relación distinta, no convencional, con nuestro entorno. Reinventarse, dice el psiquiatra hispano-estadounidense Luis Rojas Marcos, «No solo consiste en creer en cosas en las que antes no se creía, sino en tener otros comportamientos. Para cambiar de rutinas hace falta tiempo, pero también esa voluntad que solo se posee cuando somos conscientes de que debemos cambiar».[1]

El veganismo es una alternativa para reescribir nuestra historia. Es una conciencia en ciernes que encontrarás muy gratificante. Esta motivación puede ser un motor de búsqueda de nuevas posibilidades en otros terrenos. Sin importar tu edad ni qué tan satisfecho estés con tu vida, siempre hay aspectos que puedes modificar o mejorar. Este es un buen momento para hacerlo, pues te encuentras en un proceso de búsqueda y hallazgos. Sobre

---

[1] Luis Rojas Marcos. *Eres tu memoria: conócete a ti mismo.* Barcelona, Espasa Libros, 2011.

todo, tienes la disposición y el deseo de crear una nueva y mejor versión de ti mismo. Una vez que siembras una idea en tu mente es muy probable que crezca, incluso si no te das cuenta. Pero la idea crecerá más y mejor si la alimentas. Y no solo eso: mi padre me ha repetido desde niña que *las ideas hacen camino en la mente*, con lo que se anticipó a lo que años después descubrirían las neurociencias.

Dice Estanislao Bachrach (conocido como el «entrenador de cerebros» y quien se asume como un experto en el arte de cambiar): «Tu cerebro es dinámico y se va remodelando a sí mismo continuamente en respuesta a tus experiencias. No basta con introducir un cambio una vez, sino que aquello que quieras hacer nuevo, diferente, aquel cambio que deseas, vas a tener que practicarlo, repetirlo y probarlo muchas veces hasta que se convierta en un nuevo mapa, un nuevo cable cerebral: un nuevo hábito».[2] Hablar de cables no es una metáfora ociosa pues está demostrado que los comportamientos y hábitos que adquieras generarán nuevas conexiones en tu cerebro, una especie de nuevo cableado más potente que el viejito. Así que no temas al cambio, o mejor, acepta que tienes temor y aun así pon manos, o en este caso, neuronas a la obra. Persevera, pues cuando empieces a modificar tus hábitos alimenticios y de consumo, producto de tu nuevo estilo de vida, tendrás el impulso de regresar a los anteriores. Esto con frecuencia será reforzado por tu entorno, pero no te preocupes: antes de conseguir aquello que deseamos sufrimos muchos, yo no diría fracasos, sino intentos fallidos. Considera que es parte de un proceso de aprendizaje y evolución.

Quizá quieras romper con algunos hábitos, iniciar nuevas actividades o tal vez cambiarte de casa o de trabajo. Ya que tus neuronas están en plena sinapsis, saca ventaja de ello y muéstrales los nuevos caminos por los que deben transitar, o las rutas que deberán construir. Aprovecha la serotonina que estás generando y atrévete a reordenar tu existencia. Puedes establecer una

---

[2] Estanislao Bachrach. *En cambio. Aprende a modificar tu cerebro para cambiar tu vida y sentirte mejor*. Buenos Aires, Penguin-Random House, 2014.

estrategia en la que incluyas las áreas de tu vida que deseas modificar o mejorar. Tendrás que dedicar tiempo y energía, desde luego. Todo cambio requiere de un esfuerzo, pero el tuyo estará bien recompensado. Incluso si no logras lo que deseas en una primera instancia, será un aprendizaje útil para los siguientes intentos. No olvides que soñar es un acto de rebeldía, imaginar es una forma de disidencia. Lo más cómodo y aparentemente seguro es mantenerte donde estás, pero nada nuevo obtendrás de lo mismo. Rudiger Dahlke, psicoterapeuta y especialista en medicina natural, está convencido de que «entre los beneficios de una alimentación vegetal baja en grasas, hay que añadir que incrementa la capacidad de rendimiento».[3] Con toda esa energía circulando por tu cuerpo y tu mente tendrás la suficiente motivación y combustible para iniciar nuevas y gratificantes actividades.

El estilo de vida es una marca de identidad que abarca prácticamente todos los aspectos de nuestra existencia, las convicciones, los hábitos de consumo, el comportamiento, la indumentaria, las diversiones, los pasatiempos y la alimentación. Lo que propone el veganismo es hacer un alto en el camino, un corte de caja para reevaluar cómo actuamos y qué resultados tiene ese comportamiento para nosotros y para los demás. El veganismo trata de descubrir si la manera en que vivimos es lo que realmente queremos o si solo nos estamos dejando arrastrar por la corriente. Con frecuencia, nuestra aspiración intelectual o moral no se corresponde con nuestras acciones, por lo que el veganismo puede convertirse en un ejercicio profundo de autoobservación. En el fondo, si cambiamos será en beneficio principalmente de nosotros mismos. Hablando del respeto a los animales, Georges Dupras, activista y autor de *Values in conflict* (*Valores en conflicto*), me dijo en un encuentro: «No lo hagas por los animales. Hazlo por ti misma».

Pero después de la toma de conciencia, es momento de pasar a la acción. Las buenas ideas e intenciones no son suficientes

---

[3] Rudiger Dahlke. *Alimentación vegana. Una opción pacífica para tu salud y la del planeta*. Barcelona, RBA Libros, 2015.

para transformarnos, como sí lo son nuestras acciones, incluso si son parciales o imperfectas.

Contrariamente a lo que mucha gente piensa, un vegano está lejos de ser el que no come carne, no bebe leche, no viste pieles o no se transporta en animales. Prefiero definir a un vegano por lo que sí es: una persona que busca comportarse conforme a sus convicciones; alguien que prefiere actuar a hablar, que predica con el ejemplo. Siéntete orgulloso por lo que estás haciendo pues es una decisión amorosa y compasiva, respetuosa con el planeta, con los animales y con tu cuerpo. Un amigo que hace algunos años decidió hacerse vegano me comentó:

«El veganismo cambió mi vida. Los hindúes tienen una metáfora: hablan del velo de Maya. El velo de Maya es el velo de la ilusión, una forma de ignorancia que no te deja percibir las cosas como realmente son, similar al mito de la caverna de Platón. Pues bien, el veganismo me quitó ese velo». Así, con esta claridad, dale la bienvenida a tu nuevo estilo de vida.

Y ahora, empecemos a contar la historia de la que ya eres parte.

Capítulo 1
Una historia de locos

*Soy una firme creyente de que una dieta
completamente basada en alimentos vegetales
puede extender tu vida y hacerte una persona
más feliz en todos los sentidos.*
Ariana Grande

*Miracles will happen as we trip
But we´re never gonna survive unless
We get a little crazy.
No we´re never gonna survive unless
We are a little… crazy…*
Crazy, Seal

¿Es el veganismo una moda? Bueno, tal vez *está* de moda pero no *es* una moda. Quizás hoy ha llegado a su cita con la historia, pero cabe preguntarnos: ¿hubo veganos en la antigüedad? Seguramente sí, veganos *avant la lettre*, digamos, y que no necesariamente son personajes cuyo nombre ha trascendido, sino gente común que permanece en el anonimato. Es fácil imaginar a hombres y mujeres que no desearan participar en el sufrimiento que genera la matanza de animales y que se negaran a consumirlos. Desde luego, hay figuras conocidas que pueden considerarse fuentes que han alimentado el pensamiento vegano. Muchos de ellos fueron tachados de agitadores y revoltosos. En cierto sentido así es, ya que se trata de personas o grupos que agitan la conciencia y revuelven la forma de pensar de muchos. Nos muestran aquello que, aún estando frente a nosotros, no advertimos, o nos llevan a verlo de otra manera. Y nos hacen reevaluar comportamientos que forman parte de la normalidad. Quien propuso el fin de la esclavitud en Estados Unidos en el siglo XIX, por ejemplo, fue considerado un insensato que quería destruir la economía y el sistema de producción americano. Casi cien años después, en 1955, Rosa Parks, una afroamericana que se negó a ceder su asiento en el autobús a una persona de piel blanca, fue encarcelada por perturbar el orden público. Varias de las mujeres que exigieron el derecho a la propiedad en el siglo XIX en Estados Unidos y Europa, fueron juzgadas como sediciosas. Lo mismo ha sucedido con los defensores de los derechos sexuales, como Harvey Milk en Estados Unidos, o con esos otros excéntricos que lanzaron los primeros dardos en la batalla por el medio ambiente.

Por cierto, en muchas ocasiones lo que empezó siendo una idea de lunáticos llegó a convertirse más tarde en un pensamiento socialmente aceptado. De igual manera, la defensa de los animales (y el veganismo como una forma de plantear esta defensa), ha sido vista en diversos momentos como un asunto de locos. Con el tiempo, sus planteamientos han empezado a robustecerse a partir de referentes históricos, filosóficos y religiosos. A continuación hago un breve repaso de algunos de ellos.

Oriente Antiguo. Buda y Mahavira

Buda y Mahavira son emblemas del pacifismo y la justicia. Ambos practicaron una forma de vegetarianismo basado en el pensamiento ético.

En el siglo VI a.C. el asceta indio Vardhamana Mahavira rechazaba el maltrato a los animales. La no violencia o *ahimsa*, que significa «no dañar», es uno de los cinco votos del jainismo, doctrina que practicó y enriqueció. Esta filosofía, que se fundó como reacción contra el sistema de castas, prohibía el sacrificio de animales. Mahavira consideraba que todos los seres vivos (sintientes) rechazamos el dolor, por lo que el precepto *ahimsa* debía abarcar también a los animales. Como sabemos, evitar el consumo de carne no era ni es algo excepcional en India. La tradición védica afirma que debido a que es imposible obtener carne sin causar daño a un ser vivo hay que evitarlo, pues sería un obstáculo para obtener bienaventuranza divina.[4]

Más tarde, alrededor del año 400 a.C., el *Mahabharata* declaraba, como muchos años después se atribuiría a Jesucristo, que no debemos hacer a otro lo que uno considera como dañino para uno mismo. El texto señala que la carne de otros animales es como la de un hijo propio.[5] Y únicamente permite matar animales para

---

[4] Manu-samhita 5.48-49. Consultado en octubre de 2016, en http://www.mindserpent.com/American_History/religion/india/laws_of_manu/foreword.html#ft_1

[5] *Mahabharata*, XIII: 113.8 y XIII:114.11. Consultado en octubre de 2016, en

consumirlos en situaciones extraordinarias, cuando no hay ninguna otra posibilidad. Es decir, si no hay otro alimento disponible.

Muy cercana se encuentra la filosofía budista. Sidarta Gautama, el Buda, contemporáneo de Mahavira, hizo suyo el principio de *ahimsa*. Cuando se refirió a no dañar a los seres vivos hizo la distinción entre plantas y animales, sobre los que dijo: «Todos los seres temen al peligro, todos aman la vida. Quien tiene esto en cuenta no mata ni genera muerte. Quien no daña a los demás, hallará finalmente la felicidad».[6] Así, el principal precepto de Mahavira era «no matar» y prohibía a sus seguidores practicar la cacería y la pesca. Esta norma está relacionada con la ley del karma, según la cual hay una conexión entre el matarife y el animal, que permanece como una energía negativa en sus siguientes reencarnaciones.

El budismo propone la compasión hacia todos los seres sintientes. Sin embargo, según explica el maestro budista Shabkar Natshok Rangdrol,[7] dependiendo de la región de la que hablemos, sus practicantes pueden llegar a consumir carne por necesidad. Así, en el Tíbet, donde las tierras presentan grandes dificultades para el cultivo de vegetales, la carne es un alimento frecuente, mientras que en China y Vietnam, donde hay más fuentes de alimentación, sus seguidores generalmente son vegetarianos estrictos. Dado que el budismo no es un sistema cerrado de principios, dice Shabkar, esto no representa una contradicción, pues lo que se busca es que siempre esté presente la conciencia del sufrimiento del animal. Abstenerse del consumo de carne es una aspiración mística.

Otro personaje interesante dentro de esta tradición es Asoka, quien reinó alrededor del año 269 a.C. en una región de la antigua India que hoy corresponde a Afganistán, la República de

http://www.holybooks.com/wp-content/uploads/MahabharataOfVyasa-EnglishTranslationByKMGanguli.pdf

[6] *Dhammapada.* Barcelona, Sirio, 1997.

[7] Shabkar Natshok Rangdrol. *Food of Bodhisattvas Buddhist: Teachings on Abstaining from Meat.* Boulder, Colorado, Shambhala Publications, 2004.

Bangladés, el estado de Bengala Occidental, hasta la ciudad de Mysore en el estado de Karnataka. Asoka se convirtió al budismo luego de protagonizar y vencer cruentas guerras. Una vez convertido, promovió el vegetarianismo y creó hospitales para animales. En uno de los pilares donde grabó sus edictos, se lee:

> Antiguamente, en las cocinas del rey Piyadassi (se refiere al propio Asoka), el Bienamado de los dioses, se mataba diariamente a centenares de miles de animales por su carne. En adelante, solo se matarán tres animales: dos pavos y un ciervo, y el ciervo no siempre. Incluso, en el futuro, ya no se matará a estos tres animales.

Fue en tiempos más recientes que Mahatma Gandhi popularizó estas tradiciones en todo el mundo y propuso el vegetarianismo como una forma de sublimación, con expresiones como esta: «El progreso espiritual requiere que en algún momento dejemos de matar a nuestras criaturas hermanas para la satisfacción de nuestros deseos corporales».

Hoy en día, por razones económicas y por la influencia de la cultura occidental, se ha transformado la práctica de estas filosofías, aunque sus preceptos se mantienen como guías de conducta. He mencionado estas corrientes orientales de pensamiento porque creo que con frecuencia cerramos los ojos ante otras formas de relacionarnos y entender el mundo debido a que no corresponden a los cánones occidentales. Me parece interesante contrastar esta tradición con la occidental, en la que he crecido, como probablemente los lectores de este libro.

Grecia y Roma

Otra fuente a la que los veganos suelen acudir como antecedente del vegetarianismo ético es la Grecia clásica, donde abundaban ideas contrapuestas. Aristóteles, por ejemplo, afirmaba en su *Política* que las plantas existen para los animales y las bestias para el hombre, lo que incluía a todos los animales y todos los usos posibles de estos. Decía: «Si la naturaleza no hace nada sin motivo ni en vano, es necesariamente cierto que la naturaleza ha creado a todos los animales para beneficio del hombre».[8]

También hubo pensadores que rechazaron el consumo de animales, ya sea por razones filosóficas o médicas, entre ellos Pitágoras, Platón, Teofrasto, Ovidio, Séneca, Empédocles, Jenócrates y Plutarco. El célebre filósofo y matemático Pitágoras de Samos, en el siglo VI a.C. no nada más se ocupó de observar las hipotenusas y los catetos del triángulo rectángulo, sino que fundó una academia donde a la par de las lecciones de geometría y aritmética, enseñaba a sus discípulos que para ser virtuosos debían evitar el consumo de animales y su sacrificio en ritos supuestamente purificadores. Por su parte, Platón, en sus *Diálogos* «La República» y «Las Leyes», promovió el vegetarianismo. Se preguntaba si masacrar y comer a los animales en cuyos ojos nos podíamos ver reflejados, sería un impedimento para alcanzar la felicidad, y si el hábito de comer animales podría llevar a la guerra con nuestros vecinos para asegurar mejores pastos.[9]

Una figura que aparece con frecuencia en los textos de defensa del vegetarianismo es Plutarco, a quien se le recuerda por su libro *Vidas paralelas*. Este historiador escribió textos biográficos en los que señalaba que el consumo de carne era una práctica dañina para el cuerpo y la mente, debido a que el hombre no es un ser carnívoro por naturaleza. Consecuentemente, la ingesta de carne sería una práctica antinatural resultado de la gula humana. También la consideraba inmoral, puesto que para él los animales eran seres dotados de razón y de sensibilidad, de modo que la justicia debía extenderse a ellos. En un escrito singular, *Acerca de comer carne*, señaló que un hombre cabal debe sentir compasión y empatía por los animales.

---

[8] Aristóteles. *Política* I. Madrid, Gredos, 1995.
[9] Platón. «La República». Madrid, Gredos, 2000.

Tradición judeocristiana

De acuerdo con el *Génesis*, el quinto día de la creación Dios concibió a los animales, mientras que el hombre y la mujer fueron creados durante el sexto día. En ese mundo primigenio no se menciona el consumo de animales. Yahvé dice a Adán y a Eva:

> Ved que os he dado toda la hierba de semilla que existe sobre la faz de la tierra, así como todo árbol que lleva fruto de semilla. Todo ello os servirá de alimento.
>
> A todos los animales terrestres, a todas las aves del cielo y a todos los reptiles de la tierra, a todo ser animado de vida, les doy la hierba verde como alimento.[10]

Tras una paradisíaca etapa de armonía, en aquel Edén donde animales y humanos convivían sin atacarse, ocurrió el episodio de desobediencia protagonizado por Adán y Eva, quienes fueron tentados, precisamente, por un animal, la serpiente, que a partir de ese momento es satanizada. Con ello se desatan la violencia y el caos. Tras castigar a los hombres por desafiarlo, viene la reconciliación. Cuando Dios se dirige a Noé y a su familia después del Diluvio, les otorga el poder absoluto sobre todos los animales y con ello el permiso para comerlos o usarlos de cualquier otra manera:

> Sed fecundos, multiplicaos y llenad la tierra. Infundiréis temor y miedo a todos los animales de la tierra, a todas las aves del cielo, a todo lo que repta por el suelo y a todos los peces del mar. Todos quedan a vuestra disposición. Todo lo que se mueve y tiene vida os servirá de alimento: todo os doy, lo mismo que os di la hierba verde.[11]

---

[10] *Génesis* 1: 29-30. Biblia de Jerusalén. España, Ed. Desclée de Brouwer, 2009.

[11] *Ibid.* 1:24-28.

Tanto en el Antiguo como en el Nuevo Testamento se habla de los animales y su comportamiento, principalmente de manera simbólica o como metáfora de la actividad humana. Cuando hay referencias al cuidado de los animales, se hace con miras a su consumo o para su uso en las faenas del campo o el transporte. Con la llegada de Cristo son abolidas algunas prácticas, como los sacrificios rituales. Aunque algunos vegetarianos creen que Jesús no comía carne, no hay un pasaje en el que esto se mencione. Tampoco queda claro si se establece un deber de los seres humanos con los animales, así que las interpretaciones posteriores difieren. En su momento, el filósofo alemán Arthur Schopenhauer (1788-1860) reclamaría su falta de piedad a las tres religiones monoteístas en lo que se refiere a los animales, por haber arrancado al ser humano del mundo animal al que pertenece y haber colocado a los animales al nivel de cosas. Según la interpretación de Franz-Olivier Giesbert, Schopenhauer encarna el momento en que el pensamiento occidental comienza a recibir influencia de Asia por medio del budismo y el hinduismo, y cita: «¿Para esto nacen todos estos animales? ¿Qué crimen les vale este suplicio? ¿Por qué todas estas escenas de horror?». Continúa citando: «Los hombres son los diablos de la Tierra y los animales las almas atormentadas».[12]

Algunas figuras destacadas del cristianismo han tenido discrepancias sobre el lugar de los animales frente al hombre. San Basilio Magno (*ca.* 330-379) es el fundador de la Iglesia Griega Ortodoxa, en la que se le conoce como Papá Noel. El responsable de alegrar a los niños en día de Navidad, al parecer practicaba el vegetarianismo: «El humo de las comidas con carne oscurece el espíritu. Uno puede obtener difícilmente virtud si disfruta con comidas de carne y fiestas. En el paraíso terrenal no había vino ni sacrificios de animales, y nadie comía carne». San Jerónimo (*ca.* 340-420) propone una idea similar:

---

[12] Franz-Olivier Giesbert. *Manifeste pour les animaux*. Condé-sur-Noireau, Éditions Autrement, 2014.

[...] En los albores de lo humano no comíamos carne. Así llegamos al Diluvio [...] Pero después del Diluvio, junto con la entrega de la Ley que nadie podría cumplir, la carne se nos dio como comida [...] Pero una vez que Cristo ha llegado al fin de los tiempos, y el Omega ha llegado al Alfa y el fin ha regresado al principio, no nos está permitido comer carne, por lo que el Apóstol [Juan] dice «Es bueno no comer carne».[13]

San Agustín (354-430), en su diálogo *De la cantidad del alma*, habla del comportamiento autómata de algunos animales, con lo que abre la puerta a las ideas mecanicistas que serían retomadas mucho tiempo después por filósofos como René Descartes. Aseguraba que los animales no tenían alma ni poseían la capacidad de sentir. Ponía como ejemplo un gusano que al ser cortado en varias partes continuaba con vida, cada trozo se movía por sí mismo en forma independiente, lo que supuestamente probaría su indiferencia hacia el dolor.

San Francisco de Asís (1181-1226), santo patrono de los animales y declarado Patrono de la Ecología por el papa Juan Pablo II en 1979, tenía, según consta en sus escritos, una relación fraterna con todos los seres del universo. Este es un fragmento de su famoso *Cántico de las criaturas* o *Cántico del hermano Sol*: «Alabado seas, mi Señor, en todas tus criaturas / especialmente en el Señor hermano Sol / por quien nos das el día y nos iluminas». San Francisco alaba la luna y las estrellas, el viento y el aire, las flores y las hierbas. Esta actitud, más que un razonamiento sobre el valor de los animales, parece propia de alguien que se encuentra en estado de éxtasis religioso, como lo interpreta Peter Singer.[14] Sin embargo, no se tienen registros de que san Francisco se planteara el asunto del consumo de carne o hablara sobre el trato que debían recibir los animales entre los integrantes de la orden que fundó.

---

[13] *Adversus Jovinianus* 1,30. Consultado en octubre de 2016, en: http://www.ccel.org/ccel/schaff/npnf206.vi.vi.I.html

[14] Peter Singer. *Liberación animal*. Madrid, Taurus, 2011.

Santo Tomás (*ca*.1224-1274) afirma que no existe pecado en la utilización de un objeto para aquello que fue creado. El teólogo medieval retoma a Aristóteles al decir que las plantas son para los animales lo que los animales son para el hombre. Por consiguiente, sería lícito que los hombres usaran las plantas para el beneficio de los animales y a los animales para el beneficio del hombre. De cualquier modo, santo Tomás previene de la crueldad contra los animales, pero solamente porque esta puede extenderse al ser humano.

Un dato elocuente: el papa Pío XII (1876-1958) se negó a que se creara una sociedad para prevenir la crueldad contra los animales, pues esto sería reconocer que las personas debemos respeto y tenemos deberes con las otras criaturas, según relata Matthieu Ricard.[15] Platiqué con un sacerdote católico sobre el trato que debemos a las otras especies luego de la «Bendición de los animales y las semillas» que ocurre cada 17 de enero en diversas parroquias de México, entre las se que cuenta la de san Bernardino de Siena, en el barrio semirrural de Xochimilco: «Hay que tratarlos bien porque son criaturas de Dios y nos dan su leche, su carne, su compañía, su cariño». Por otra parte, Karen Berg, directora espiritual del Centro de Kabbalah en la Ciudad de México, dice: «Si maltratas a un animal que no es capaz de cuidar de sí mismo hay una retribución. Pero si amas y cuidas y guías a los animales, si los tratas bien, serás bendecido». Más allá de declaraciones como estas, una revisión tanto de las Sagradas Escrituras como de las acciones visibles de la Iglesia católica, no arroja iniciativas de ningún orden en torno a los animales. De acuerdo con el escritor Fernando Vallejo, esto denota indiferencia respecto al tema:

A ver, ¿cuántos [animales] hay en los evangelios? Hay una piara de cerdos donde dizque se metió el demonio. Un camello que no pasará por el ojo de una aguja. Una culebra símbolo del mal. Y un borriquito, en el que venía Cristo

---

[15] Matthieu Ricard. *En defensa de los animales*. Barcelona, Kairós, 2015.

montado el Domingo de Ramos cuando entró en triunfo a Jerusalén. ¿Y qué palabra de amor tuvo Cristo para estos animales? Ni una. No le dio el alma para tanto […] ¿En qué cabeza cabe sacrificar a un cordero, que es un animal inocente, que siente y sufre como nosotros, en el altar de Dios quien no existe? Y si existe, ¿para qué querrá la sangre de un pobre animal el Todopoderoso?[16]

Muy recientemente, en 2014, se suscitó cierta controversia cuando, de acuerdo con reportes de la prensa, el papa Francisco consoló a un niño por la muerte de su perro diciéndole que «el paraíso está abierto a todas las criaturas de Dios». Se interpretó como una aceptación de que los animales tienen alma pues, de otro modo, no podrían entrar al paraíso. No hay ninguna declaración sobre la intención real de esas palabras. Tanto la Iglesia como el Papa guardaron silencio.

Renacimiento

Decía al inicio de este capítulo que sin duda ha habido veganos anticipados o vegetarianos éticos en prácticamente cualquier época o geografía, aunque el pensamiento dominante en Occidente —que los animales están para servir al hombre y es lícito utilizarlos y comer su carne— no se ha modificado sustancialmente ni siquiera en los momentos más luminosos de la historia. En el Renacimiento, que nos heredó obras mayúsculas en términos culturales, artísticos y científicos, los animales permanecieron en la oscuridad. Es más, quizás el desdén hacia los animales se acentuó al surgir o resurgir el humanismo, que tomó como modelo a los clásicos griegos y latinos, quienes colocaban al hombre como centro del universo y como la medida de todas las cosas. Desde luego, también en esa época hubo quien

---

[16] Fragmento del discurso de Fernando Vallejo al recibir el Premio Internacional Rómulo Gallegos en Venezuela, en 2003. Vallejo extiende este reproche a la Iglesia católica en el libro *La puta de Babilonia*, publicado en 2016.

cuestionó esa visión ortodoxa. Uno de ellos fue Leonardo da Vinci, el prototipo del genio, quien al final del siglo xv, mientras la humanidad cambiaba vertiginosamente, logró comprender que el centro del universo no era el hombre sino toda manifestación de vida. Compraba víveres y de pronto adquiría alguna ave, no para cocinarla sino para liberarla del cautiverio. La gente se extrañaba de que el sabio y famoso pintor de la *Mona Lisa* soltara las aves para que volaran por el cielo mientras llenaba sus canastos con gran variedad de especias, verduras, frutas y legumbres. Ignoraban que era un cocinero magnífico que rechazaba comer animales. No se alimentaba de nada que sangrara ni se permitía dañar a ninguna criatura. «Llegará un tiempo», anotó en sus cuadernos, «en que los seres humanos se contentarán con una alimentación vegetal, y entonces matar a un animal será considerado un delito, como matar a un hombre. Ese día la civilización habrá avanzado».

Mundo prehispánico

En una línea temporal y geográfica distinta me referiré al universo precolombino. Lo hago aquí pues el encuentro entre europeos y americanos ocurrió en pleno Renacimiento. ¿Qué encontraron los conquistadores en el Nuevo Mundo? En el plano simbólico, la relación con la naturaleza estaba regida por una cosmovisión que mostraba a los animales como portadores de cualidades extraordinarias o como deidades encarnadas. Por ejemplo, citemos a Quetzalcóatl, la Serpiente Emplumada. En contraste con las creencias de los europeos, los animales eran deidades entre los antiguos pobladores de estas tierras. Los guerreros buscaban encarnar la sagacidad o la fuerza del águila, el jaguar, el lobo o el venado. Figuras de felinos, cocodrilos, peces y moluscos se esculpían en piedra y se representaban en murales y objetos de cerámica. Con variantes regionales, el mundo precolombino compartía una visión sagrada respecto a la naturaleza y a sus criaturas, que no eran consideradas entidades aparte sino un todo integrado a los seres humanos. El consumo de carne era un tanto limitado; incluía aves, peces, venados, reptiles, roedores o perros, y provenía en gran medida de la caza y la pesca, mientras que la dieta básica estaba conformada por vegetales: frijol, maíz, amaranto, jitomate, chile, calabaza, una gran diversidad de flores y frutas, así como muchas variedades de insectos con los que elaboraban platillos suculentos. Según narra fray Bernardino de Sahagún en su *Historia general de las cosas de la Nueva España:* «Comían unas hormigas aludas con *chiltecpitl* […] unas langostas que se llaman *chapolin chichiahua* […] unos gusanos que se llaman *meocuilti chiltecpin mollo*».

Con el arribo de los españoles la relación con los animales cambió. Algunos llegaron para ser usados en las faenas del campo. Los caballos, que asombraron a los naturales de Mesoamérica cuando los concibieron como un solo ser junto con el caballero que los montaba, se introdujeron junto con mulas y asnos para ser empleados en la carga, el transporte y la tracción. Los perros dejaron de ser considerados comestibles. Los primeros que trajeron los europeos eran grandes animales adiestrados para el ataque y la caza o utilizados como arma de guerra, explica Arnaud Exbalin Oberto, especialista en estudios sociales. También señala que el miedo a los perros callejeros se inculcaba en las casas de los habitantes de la capital de la Nueva España. Pronto fueron considerados una plaga. Durante el Virreinato, las masacres de perros fueron frecuentes. En *Los bandidos de Río Frío*, Manuel Payno describe el odio que se desató por los perros sin hogar en el siglo XVIII: instigado por sacerdotes a quienes molestaba su presencia en las iglesias, el virrey Revillagigedo decretó que cualquier animal encontrado en la calle después del toque de queda muriera a golpes. Payno describe los aullidos durante las matanzas y el horror de los animales que lograban escapar. Ironiza: «Los perros dilataron, en verdad, pero tuvieron que reflexionar para poner fin a ese estado de cosas. Repentinamente desaparecieron, ni uno solo acostado a las puertas, ni uno solo transitando por las calles».

Los insectos, por otra parte, causaban repulsión a los españoles, por lo que su consumo se volvió marginal. En cambio, se introdujo el ganado ovino y porcino, así como los embutidos derivados de estos, que muy pronto se incorporaron a la dieta de los indígenas. En el Siglo de Oro español, que coincide con la conquista del Nuevo Mundo, era sumamente valorada la carne de aves, cabrito, cerdo, ternera y cordero; la de vaca era un tanto menos apreciada. Al respecto, es famosa la cita de *Don Quijote* en la que Alonso Quijano revela las condiciones de su economía al referirse a su alimento conformado por «algo más de vaca que de carnero».

Ilustración

Este movimiento colocó la razón por encima de cualquier otro valor. El raciocino, propio de los seres humanos, no dejaba bien parados a los animales, incapaces de pensar de acuerdo con la idea dominante de la época. Sin embargo, hubo algunos autores que reflexionaron de otra manera sobre nuestra relación con los animales. Juan Jacobo Rousseau creía que las personas teníamos algunos deberes con ellos, no en función de su capacidad de razonar sino porque sienten. En otro contexto, se refirió al consumo de carne en su tratado *Emilio o De la educación*, señalando que la instrucción contrapone al hombre natural con las exigencias sociales. En una parte de este escrito se refiere concretamente a la alimentación, asegurando que no se debe viciar el paladar de los niños alimentándolos con carne, pues considera esto una imposición social.[17] Por su lado, el también escritor francés Voltaire se refería al consumo de animales como la «bárbara costumbre de mantenernos con carne y sangre de seres como nosotros».[18] Voltaire refutó las teorías mecanicistas de Descartes, quien afirmaba que los animales únicamente eran máquinas sofisticadas

---

[17] Juan Jacobo Rousseau. *Emilio o De la Educación*. EDAF, Madrid, 1982.

[18] Citado por Peter Singer en *Liberación animal*. Madrid, Santillana Ediciones Generales, 2011.

de estímulo-respuesta, incapaces de sentir placer ni dolor, al preguntarse: «¿Por qué la naturaleza habría de poner todos los órganos y resortes de los sentimientos en un animal y hacer que este pudiera expresar tan bien lo que es incapaz de sentir?».[19]

Siglo XIX

En la historia moderna, el país occidental pionero en el reconocimiento de los animales como seres sintientes es Gran Bretaña, que en el despertar del siglo XIX contó con personajes que prefiguraron muchas batallas sociales, entre ellas los movimientos en favor de los animales. El imperio británico estaba en la cúspide. La Revolución Industrial transformaba la vida económica y política durante el reinado de Victoria, que duró 64 años. Ese fue el mundo en el que vivieron Jeremy Bentham, Richard Martin y Lewis Gompertz, quienes iniciaron la lucha en favor de los animales y sentaron las bases del movimiento vegano.

Bentham, filósofo y jurista, fundador del utilitarismo, sistema de pensamiento que plantea que lo bueno es útil para aumentar el placer o la felicidad y disminuir el dolor o el sufrimiento, al hacer extensivo este planteamiento a los animales determinó que su sufrimiento a nadie beneficiaba y que podía evitarse. En pocas palabras, es inútil que los animales sufran. En 1811, Bentham presentó a la Cámara de los Lores una iniciativa de *Ley de protección a los animales*, quizá la primera de la que se tenga registro.

Algunos años después, en 1822, también lo haría Richard Martin al proponer una ley para evitar el maltrato a las vacas, caballos y ovejas. Estas propuestas para regular las condiciones de vida de los animales sorprendieron a los legisladores y derivaron en burlas por parte de algunos.

Lewis Gompertz fue un niño al que le gustaba observar a las aves. Había nacido en una familia judía que se dedicaba a la venta de diamantes. Era inventor y un respetable pensador. En 1824

---

[19] *Dictionnaire philosophique, Oeuvres complètes de Voltaire.* Citado por Franz-Olivier Giesbert en *Manifeste pour les animaux, op.cit.*

fundó la Sociedad para la Prevención de la Crueldad Animal, que después sería patrocinada por la reina Victoria y se convertiría en la organización de bienestar animal más grande y antigua del planeta. Gompertz escribió libros esenciales para entender la lucha por el respeto a los animales: *Moral Inquiries on the Situation of Man and of Brutes* y *Fragments in Defence of Animals*. Utilizó su ingenio de inventor para crear carruajes y perfeccionar la rudimentaria bicicleta a fin de combatir el uso de animales en el transporte. También evitaba comer carne y vestirse con pieles.

Siglo xx

La incipiente sociedad civil del siglo XIX logró su auge en el siglo XX, después de la Segunda Guerra Mundial. En ese momento, la recién creada Organización de las Naciones Unidas, consideró que las ONG (Organizaciones No Gubernamentales) eran órganos consultivos relevantes. A lo largo de la segunda mitad de esa centuria se desarrollaron, de una manera más formal, grupos que buscaban diversas reivindicaciones sociales y políticas. En ese contexto, los grupos defensores de animales (que apelaban a la ética) y las sociedades vegetarianas (que apelaban a la dieta), que ya existían en el siglo XIX, se multiplicaron. La mesa estaba puesta para el surgimiento del veganismo, sistema que conjuntaba ambos aspectos (ética y dieta).

El acta de nacimiento del veganismo la firmó Donald Watson, miembro de la Sociedad Vegetariana de Leicester, Inglaterra, quien buscaba establecer un subgrupo conformado por quienes además de no consumir carne, hubieran eliminado los lácteos, los huevos y, en general, todos los productos de origen animal (hasta ese momento el vegetarianismo podía incluir o no el consumo de leche y huevos). Su idea iba más allá de la alimentación misma, pues se extendía a todos los bienes o productos fabricados con materiales de origen animal. Este subgrupo proponía eliminar toda forma de explotación animal con la convicción de que así se lograría una sociedad más razonable, en la que se emancipara tanto a los animales como a los propios seres humanos. Esta propuesta no fue bien vista por los compañeros vegetarianos de Watson, por lo que decidió emprender su propio camino. Luego de ponderar diversas posibilidades, inventó la palabra «vegano» al hacer una contracción del término «vegetariano», *vegan* en inglés. Como decía el propio Watson, este fue el inicio y el fin del vegetarianismo. Así fundó la Sociedad Vegana, en 1944. Al registrarla, definió el veganismo como:

> Una filosofía y forma de vida que busca excluir —hasta donde esto es posible y practicable— todas las formas de explotación y crueldad hacia los animales en la alimentación, vestido y con cualquier otro propósito; por extensión, promueve el desarrollo y uso de alternativas que no tengan un origen animal, en beneficio de los seres humanos, los animales y el medio ambiente. En términos dietéticos denota la práctica de evitar todos los productos derivados parcial o totalmente de animales.

En 1948 se fundó la Unión Vegana en Estados Unidos. Lo mismo sucedió en 1950, en Alemania, y en 1957, en India.[20] En español, la palabra «vegano» aparece por primera vez en el diccionario de la Real Academia Española de la Lengua hasta 2014, definiendo el vocablo como: «Actitud consistente en rechazar alimentos o artículos de consumo de origen animal». La documentación sobre su desarrollo en América Latina es escasa.

Del vegetarianismo se sabe que ya se habían creado agrupaciones en Chile y Brasil desde fines del siglo XIX e inicios del XX, respectivamente.[21] La propia unión vegetariana se estableció de manera formal en 1908 destacando la presencia de Alemania, Francia y Reino Unido. México se unió en 1999, aunque poco

---

[20] The Vegan Society www.vegansociety.com
[21] Unión Vegetariana Internacional www.ivu.org

se sabe de la actividad que ha desarrollado. Sobre el veganismo concretamente hay aún menos datos. Lo cierto es que se ha dispersado de manera orgánica y espontánea en prácticamente todo el subcontinente latinoamericano, México incluido.

Cuando Peter Singer apareció en escena le imprimió un nuevo impulso al movimiento. En el otoño de 1970, Singer, estudiante de posgrado en la Universidad de Oxford especializado en filosofía moral y social, almorzaba con su compañero Richard Keshen. Al notar que Richard no comía carne, Peter le preguntó el porqué de esa dieta. No se trataba de una restricción médica o una cuestión de gustos. Richard había dejado de ingerir productos animales al conocer las condiciones en las que vivían y morían los animales destinados al consumo humano. Peter Singer inició entonces una profunda investigación que incluyó numerosas visitas a granjas industriales de producción de animales y laboratorios en los que se experimentaba con diversas especies. En 1975 publicó *Liberación animal*, donde plantea que nuestras relaciones con los animales constituyen un problema ético y moral que ha sido desatendido.[22] Explica que la tiranía de los humanos sobre los animales ha causado tanto dolor y sufrimiento como el originado por la esclavitud y crueldad contra personas a causa de su raza, color de piel o sexo. Encuentra que mediante prejuicios, intereses económicos, placeres superficiales o comodidad, se justifica causar sufrimiento a un animal. Fue el primer texto de difusión masiva que ofrecía un amplio panorama de lo que ocurre tanto cuando el animal está vivo como cuando muere. También propone maneras de infligir menos sufrimiento a los animales y producir mayor cantidad de alimento a menores costos ambientales y económicos. Sobre todo, Singer ofrece una nueva forma de pensar sobre los animales, cuyas diferencias con los seres humanos no debieran ser, según expone, relaciones de subordinación, mereciendo consideración e igualdad básica. Esta argumentación es el fundamento del concepto de «especismo»

---

[22] En México, la primera edición fue de A.L.E.C.A., en 1985; Editorial Trotta lo publicó en 1999. En 2011 Taurus sacó a la luz una edición actualizada.

(palabra acuñada por Richard Ryder, autor de *Victims of Science*), que se refiere a la discriminación que sufren los animales en función de su especie, equiparándola al racismo o el sexismo. El especismo es para Singer un prejuicio o actitud parcial favorable a los intereses de los miembros de nuestra propia especie y en contra de las otras. Como el mismo autor aclara en el prólogo, la lectura del libro no es divertida. Señala que la ignorancia sobre lo que ocurre, y no la indiferencia, es la razón por la cual se mantiene una crueldad generalizada, institucional, hacia los animales, pues la revelación de los abusos contra estos provoca repulsión en la mayor parte de la sociedad. *Liberación animal* aspira a replantear nuestros horizontes éticos para liberar a los animales y con ello liberar a los seres humanos.

Las últimas décadas del siglo XX fueron fértiles en aproximaciones hacia el tema animal. Un autor al que vale la pena acudir si se quiere profundizar en el devenir histórico y filosófico del tema desde un ángulo crítico, es Jacques Derrida (1930-2004). Padre del deconstructivismo y pensador de influencia mundial, afirmaba que nuestra relación con los animales debe cambiar, considerando el doble significado de este término: «deber» como necesidad y «deber» como obligación. En el libro *L'animal que donc je suis*, [23] lleva a cabo un examen crítico de la tradición occidental que ha desdeñado a los animales y en la que han sido protagonistas figuras como Aristóteles, Descartes, Kant, Heidegger o Lacan. Derrida se pregunta: «¿Y si el animal respondiera?», poniendo en perspectiva su propio ser frente a los animales. Se refiere a asuntos como el lenguaje, el inconsciente, la individualidad, la idea del determinismo animal, y la noción de que los animales solo son en función del ser humano. Con esa base, anticipó un futuro distinto, y mejor, para los animales: «El espectáculo que es presenciar el maltrato a los animales será cada vez más insoportable a las personas […] los debates actuales anuncian ese cambio».

---

[23] Jaques Derrida. *L'animal que donc je suis*. París, Éditions Galilée, 2006. Editorial Trotta lo publicó en español en 2008 con el título de *El animal que luego estoy si(gui)endo*.

El debate actual

El nuevo siglo (ya ni tan nuevo), muestra un rostro a la vez dinámico y discordante respecto a la causa animal. En algunos sentidos las cosas van peor para los animales; en otros hay ciertos avances. En gran parte de los países se cuenta con leyes para la protección mínima de algunas especies. Al mismo tiempo, nunca como hoy somos testigos de atrocidades cometidas contra ellos. Es ahora cuando el debate se ha vuelto más consistente y figuras de diversos ámbitos del conocimiento se van sumando a la discusión. Y en esta discusión, la investigación científica ha tenido mucho que decir.

A partir de siglo XX la ciencia empezó a dejar de ser considerada un conjunto de conocimientos cerrados. Hoy la entendemos de una manera mucho más dinámica y comprendemos que nuestras ideas del mundo pueden ser revisadas conforme disponemos de más y mejores datos. Las verdades universales se han resquebrajado, incluidas aquellas que generan prejuicios y estereotipos sobre el mundo animal, del que el ser humano es parte. ¿Cómo no poner en duda las ideas antropocéntricas cuando descubrimos que compartimos la mayor parte de nuestra secuencia genética con numerosas especies como los cerdos, los perros y, desde luego, los grandes simios, con los que tenemos una coincidencia de entre 96 y 99 por ciento?

Los hallazgos recientes sobre el comportamiento de los animales, sus formas de organización comunitarias, su empatía hacia miembros de su especie y de otras especies, están aportando información que tiene utilidad médica o industrial y, a la vez, añadiendo elementos para la reflexión sobre nuestra forma de tratarlos. A continuación, menciono tres ejemplos.

1. En 2012 un grupo internacional de neurocientíficos se reunió en la Universidad de Cambridge con el fin de averiguar si los animales tienen conciencia. ¿A qué conclusiones llegaron? Encontraron que los sustratos de las emociones no están confinados a la corteza cerebral, única en los seres humanos, sino que se encuentran en las redes subcorticales

que compartimos con gran parte de los otros animales. Su descubrimiento ocurrió cuando estimularon esas zonas cerebrales en diversas especies y hallaron que, con o sin fármacos, esa estimulación producía las mismas respuestas en animales humanos y no humanos. Las emociones relacionadas con recompensa y castigo, atención, sueño y toma de decisiones son también homólogas en personas y animales. Es decir, tenemos una evolución de la conciencia paralela a los otros mamíferos, a las aves e incluso a los pulpos, según especificaron los investigadores, quienes concluyeron que la experiencia afectiva no es solo humana y que los animales tienen todos los sustratos neurológicos que genera la conciencia.

2. La neurocientífica Lori Marino, de la Universidad Emory, determinó tras un estudio con cerdos que estos animales tienen capacidades cognitivas similares a perros, chimpancés, elefantes, delfines e incluso humanos. Poseen una extraordinaria memoria de largo plazo, son capaces de comprender el lenguaje simbólico complejo, tienen sofisticados sistemas de relaciones entre individuos, responden a los sentimientos de otros y, sorprendámonos, pueden utilizar un *joystick* para mover el cursor de una pantalla, capacidad que comparten con los chimpancés. Marino expresó que, por lo tanto, hay buena evidencia científica que sugiere la necesidad de repensar completamente nuestra relación con dicha especie.

3. La investigadora de la Universidad de Northampton, Krista McLennan, quería conocer los efectos del aislamiento en las vacas que, al igual que los cerdos, han sido vistas únicamente como proveedoras de alimento. Para ello, midió el cortisol (hormona que se libera como respuesta al estrés) en diferentes ambientes y condiciones, así como el ritmo cardíaco de los animales. Como resultado de la investigación determinó que las vacas se estresan cuando son separadas de su grupo y que pueden generar más o menos cortisol según la compañía que tienen en un momento

dado. Es decir, reaccionan distinto si tienen a su lado a uno u otro individuo de la manada. Dicho de una manera simple, tienen mejores amigas. McLennan también ha liderado estudios referentes a expresiones faciales en los animales, por ejemplo, los gestos relacionados con el dolor entre las ovejas.

No abundo en otras investigaciones pues la información está disponible en muchos medios, tanto en libros impresos como en Internet, por lo que cualquier lector interesado encontrará un sinnúmero de referencias en torno a los descubrimientos sobre conducta, inteligencia y sensibilidad animal. Al final de cuentas, también para eso sirve la ciencia, para alimentar a las demás áreas del pensamiento. Toda esta información que ahora circula gracias a los nuevos medios, está modificando las percepciones y el comportamiento de la gente.

La participación cada vez mayor de los ciudadanos en muchos temas de interés público ha puesto en la mira la causa animal. Si en el siglo XX la sociedad civil empezó a ser un factor decisivo en la creación de políticas públicas, en el siglo XXI se ha fortalecido su presencia. Hoy, la ciudadanía es un agente de denuncia, de toma de conciencia y de movilización. Esto se ha potenciado con las nuevas tecnologías, particularmente las redes sociales, que permiten documentar y visibilizar situaciones que antes permanecían ocultas para la población en general. No pocas veces se hacen virales los videos capturados por testigos fortuitos o por grupos organizados, donde se muestran situaciones de crueldad que ocurren en la producción de alimentos de origen animal, la fabricación de pieles, la experimentación o el maltrato de animales de compañía. Plataformas como Change.org, Avaaz o Care2, que reúnen firmas en apoyo de diversas causas, tienen entre sus casos más exitosos algunos relacionados con el abuso en granjas industriales o con la venta de animales como mascotas. Miles o millones de personas han descubierto que comparten ideas y tienen la oportunidad de debatirlas en foros digitales con la extensión y profundidad que se quiera, a veces en únicamente 140 caracteres. Este mismo libro se ha alimentado de las discusiones e información recabadas en redes sociales. Una búsqueda de la palabra «vegan» en Google arroja 177 millones de entradas, lo que incluye organizaciones, productos, servicios, tiendas, supermercados, moda, cosméticos, música, arte, literatura, fotografía, videos, salud, feminismo, ecología, tiendas *online*, alimentos, festivales, revistas, y un largo etcétera. Estamos frente a lo que podemos llamar «la sociedad en acción».

Un futuro posible

¿Cómo será el mundo del futuro? ¿De qué nos alimentaremos? ¿Cómo vestiremos? Si algo han demostrado las predicciones es que, por regla general, resultan erróneas. De cualquier manera, hay quienes aventuran hipótesis. Por ejemplo, el premio Nobel de Economía, Alvin Roth, habla de una variable económica a la que denomina «transacción repugnante» (*repugnant transaction o repugnant market* —mercado repugnante—) que alude a las relaciones comerciales que la sociedad, o ciertas sociedades, en determinados momentos de la historia considerarán indignas de practicar, por lo que se vuelven moralmente inaceptables. En cuanto a la comida, Roth recuerda que antes de la Segunda Guerra Mundial era común el consumo de carne de caballo en Estados Unidos, y que, hasta 1985, se servían filetes de equino en salsa de cebolla en el Club de la Universidad de Harvard. Hoy se considera repugnante, una comida inaceptable que incluso está prohibida en algunos estados, y no porque sea desagradable al paladar, eso es distinto, sino porque es moralmente inaceptable, como lo es comer delfines o perros. Ya no comemos animales que consideramos inteligentes, como las ballenas, declara el economista. La siguiente pregunta, dice Roth, es: «¿Y las vacas?». Añade un elemento: «Más que el rechazo a consumir ciertos animales, son los beneficios físicos, emocionales y espirituales lo que atrae a las personas hacia un estilo de vida vegano».[24]

---

[24] Entrevista para *Peaceful Dumpling,* enero de 2014.

Inversionistas y empresarios han detectado aquí un área de oportunidad. El consumo responsable es una tendencia rentable. Los sellos y certificaciones de productos reciclables, sustentables, amigables con el planeta y libres de crueldad ofrecen un incentivo para el consumidor. Otras prácticas, como los espectáculos que han suprimido el uso de animales, también resultan redituables pues se identifican con un pensamiento contemporáneo. El mercado del veganismo está creciendo. Día a día surgen marcas, festivales, talleres de educación y alimentación vegana que invitan a sumarse a esta comunidad.

¿Estamos ante el advenimiento del *Homo veganus*? No lo sabemos, pero por lo pronto la tendencia es real. Para comprobarlo basta observar el crecimiento inusitado de alimentos veganos, restaurantes, blogs, recetarios, moda, cosméticos y un largo etcétera que proponen el respeto a la vida y la búsqueda de una convivencia armónica, libre de violencia. La publicación misma de este libro lo demuestra. Estas son señales que pueden indicar que estamos ante un posible cambio de conciencia. Por lo pronto, el veganismo —el estilo vegano de vida— está en la conversación de la gente y parece que seguiremos hablando de ello por largo rato.

Para tener una noción más clara de cuáles son los temas esenciales del veganismo, en el siguiente capítulo abordaremos en detalle los grandes ejes de discusión relacionados con este estilo de vida.

Capítulo 2
Los grandes ejes del veganismo

Dale a un bebé una manzana y un conejo.
Si se come al conejo y juega con la manzana,
te compraré un auto.
Harvey Diamond

E<small>L VEGANISMO ASPIRA A QUE EL MUNDO SEA UN SITIO MÁS SENSATO</small>, PARTIENDO de la manera en que los seres humanos nos vinculamos con los animales. En este apartado encontrarás un compendio de algunos temas de reflexión que se han abordado desde varios puntos de vista. No se trata de un estudio exhaustivo y, más que demostrar algo, quiero invitar a que los lectores se sumen al debate.

Ética y legislación

La ética es la disciplina que nos ayuda a determinar si nuestros comportamientos son buenos o malos, morales o inmorales, tan simple y tan complejo como eso. Nuestra manera de comprender lo justo se transforma con el paso del tiempo y determina las leyes. Mucho de lo que antes considerábamos natural, hoy es inaceptable e incluso se considera delito; por ejemplo, esclavizar a las personas o explotarlas sexual o laboralmente. Esto no significa que dichas conductas se hayan suprimido, pero sí que la humanidad ha asumido su inviabilidad moral y su injusticia.

Si la ética es un ámbito exclusivamente humano, ¿por qué debería incluir a los animales? Por la sencilla razón de que se trata de evaluar nuestras acciones, no las de ellos. Los problemas empiezan desde la forma en que nos vinculamos con los animales, que van de la explotación más despiadada a la veneración. En gran medida, nos hemos comprendido como humanos observándonos en el espejo de nuestra propia animalidad. Hemos creado arte y literatura a partir de ellos. Al mismo tiempo, los hemos temido por ser distintos, por su forma, por desconocer sus comportamientos, porque son también aquello que negamos en nosotros. Los hemos «perseguido», usando el término que emplea Patrice Rouget, filósofo según el cual la superioridad autoproclamada del hombre sobre todos los seres animados de la tierra establece una separación insalvable. En virtud de esa supuesta superioridad, el hombre solo tiene la responsabilidad de «administrar» los bienes del mundo en una relación utilitaria con el entorno.[25]

Desde los puntos de vista moral y jurídico, tenemos una relación desigual con los animales. Hasta donde sabemos, ellos no tienen capacidad para emitir juicios morales; tampoco tienen la posibilidad de exigir derechos o cumplir obligaciones, sino que están a merced de las decisiones que tomemos nosotros. ¿Cuál sería entonces el trato ético, moral y jurídico que deberían recibir? No tenemos un vínculo semejante con todas las especies y esto hace más complicadas las definiciones éticas y jurídicas específicas. Sin embargo, podemos agruparlas en tres clases.

1. Hay animales a los que hemos domesticado y que dependen completamente de nosotros para su supervivencia, pues ya no están integrados a un ecosistema que les permita valerse por sí mismos. Entre estos, algunos son considerados animales de compañía. Los valoramos de manera individual, les damos un nombre y les reconocemos una «personalidad».

    Gracias a su cercanía con el ser humano se considera inmoral hacerles daño y gozan de cierta protección legal en muchos países, incluido México.

2. En el otro extremo están los animales silvestres. Estos forman parte del mundo que llamamos «salvaje». Es decir, están integrados a su ecosistema original o a la naturaleza.

    Esos animales están, en su mayoría, alejados de nosotros; no son compañía ni tienen un nombre individual,

---

[25] Patrice Rouget. *La violence de l'humanisme. Pourquoi nous faut-il persécuter les animaux?* París, Ed. Calmann-Lévy, 2015.

pero son valorados como especie en función del papel que desempeñan en su hábitat y cuentan, por lo general, con leyes y organismos oficiales que procuran protegerlos de la extinción. En el mundo contemporáneo hay consenso sobre la necesidad de proteger las reservas naturales y las especies que habitan en ellas.

3. Finalmente, están los animales que se encuentran en una especie de limbo moral y jurídico. Son aquellos que no tienen un lugar en nuestra sociedad pero tampoco en el medio ambiente. Han sido domesticados, por lo que ya no tienen cabida en el medio silvestre (fueron separados de sus hábitats originales hace miles de años). No obstante, tampoco tienen un lugar en nuestra sociedad. Son los animales a los que nos comemos, con los que nos vestimos y con los que experimentamos. Son prácticamente «invisibles», por decirlo así. Son criados para morir. ¿Qué protección jurídica o ética puede dársele a un animal que ni siquiera tiene derecho a la vida?

Moralmente, nos deslindamos de ellos. Según nuestra óptica no merecen esta consideración pues «para eso están». De este modo, tienen estatus de «producto» y no de seres sintientes. Son parte de una cadena de producción, por lo que las leyes vinculadas con ellos tienen que ver, justamente, con esa cadena de producción. Por ejemplo, la norma TIF (Tipo Inspección Federal) en México, es una regulación que exige a los rastros y a las instalaciones de productos cárnicos cumplir las regulaciones de la Sagarpa para que los alimentos tengan óptima calidad higiénica, lo que nada tiene que ver con los animales propiamente, sino con su utilidad para el ser humano.

Hay dos elementos importantes que se suman al debate ético y jurídico sobre los animales. Primero, en general todos los animales son considerados bienes, propiedades, unas veces privadas y otras del Estado (por ejemplo, las especies que se encuentran en reservas de la biósfera). Si son nuestra propiedad, ¿hasta dónde debemos rendir cuentas de lo que hacemos con ellos? El segundo elemento es la capacidad de sentir de los animales. En diversas legislaciones se prohíbe causarles dolor o sufrimiento innecesario. Puesto que no tenemos un mecanismo certero para comunicarnos con ellos y conocer al detalle lo que sienten, ¿cuáles son los sufrimientos necesarios y cuáles son innecesarios? ¿Quién los determina? Las respuestas son muy diversas y controvertidas. Preferimos pensar que quizá sienten, pero no que sufren.

En tiempos recientes y con base en argumentos bioéticos y filosóficos, algunas leyes han buscado dar respuesta a estos cuestionamientos tomando en cuenta el interés de los animales. Así, es posible incluirlos dentro del ámbito de la ética, que tradicionalmente va de lo humano a lo humano y no incluye a los animales. Este planteamiento ha comenzado a transformarse, lo que también empieza a ocurrir en el ámbito legal, donde se les reconocen derechos (o protección legal), o en otro sentido se admite que tenemos deberes frente a ellos.

Estos son algunos conceptos e iniciativas jurídico-filosóficas que buscan dar respuesta a la situación de desamparo de los animales ante su condición de objetos.

> ✿ **Bien semoviente.** Se refiere a los animales como seres capaces de moverse por sí solos. Destaca que no son bienes muebles ni inmuebles, que no son propiedades como una bicicleta o una casa, por lo que pertenecen a una categoría especial. Se aplica principalmente a los animales para el consumo (vacas, cerdos, aves de corral) o usados en labores de transporte o del campo (mulas, burros, caballos). Este término ya fue adoptado en el código civil español.
>
> ✿ **Ser sintiente.** Diversos especialistas hablan de la capacidad de sentir exclusivamente, que no tiene con ver con la

posible inteligencia de los animales como un argumento suficiente para considerarlos moral y jurídicamente. Y aquí también hay vertientes. El jurista Gary Francione es pionero de la teoría abolicionista o abolicionismo, que considera que deben desaparecer todas las formas de explotación animal. Contrapone su teoría con el «bienestarismo», que propugna precisamente el bienestar de los animales como objetivo, pues considera que el argumento del bienestar prolonga el estatus de propiedad de los animales, al tiempo que se hace sentir a la población que es correcto abusar de los animales mientras haya una regulación de por medio.

✿ **Sujeto de vida** (*subject-of-a-life*). Es un concepto desarrollado por el profesor emérito de la Universidad Estatal de Carolina del Norte, Tom Regan.[26] Según él, el valor crucial de los seres humanos no consiste en ser racionales (hay personas que han perdido la razón o que aún no tienen esa capacidad de raciocinio), sino en tener una vida que les importa. Siguiendo este criterio, también los individuos de otras especies animales poseen ese valor inherente cuyo reconocimiento obligaría a que no fueran tratados como medios para obtener un fin, sea este la comida, la experimentación o la diversión. Es decir, considera que los animales no son un medio, sino un fin en sí mismos.

✿ **Persona no humana**. El especialista en inteligencia animal, Steven Wise, plantea el uso de esta expresión para referirse a animales como primates, loros y delfines, pues tienen capacidad de actuar de manera intencional, presentan deseos y tienen conciencia. Según la Asociación Americana para el Avance de la Ciencia, las ballenas también deben ser incluidas en esa categoría.[27] De acuerdo

---

[26] Tom Regan. *The Case for Animal Rights*, EUA, University of California Press, 1983.

[27] La American Association for the Advancement of Science es una organización sin fines de lucro dedicada a la innovación científica alrededor del mundo. Se fundó en 1848.

con esta figura jurídica, las especies consideradas en esta clasificación tendrían tres derechos básicos: a la vida, a la libertad y a no ser maltratadas ni física ni psicológicamente. En Costa Rica, Hungría, Chile e India se ha prohibido la captura y exhibición comercial de los delfines al otorgarles el estatus de «persona no humana».

❖ *Habeas corpus.* Este instrumento, que defiende a las personas ante posibles actos injustos de la autoridad, ya ha sido aplicado a algunos animales. Un tribunal de Buenos Aires aceptó el recurso presentado por abogados animalistas en favor de la orangutana Sandra, del zoológico de esa ciudad. La propuesta fue trasladarla a un santuario, pues sufría al estar encerrada, según demostraron los juristas. En Salvador de Bahía, Brasil, un juez también otorgó la libertad a un chimpancé para el que se solicitó este recurso legal. En México, se ha pedido el mismo trato para los orangutanes del zoológico de Chapultepec, incluso la ONU solicitó a la institución el traslado del orangután Toto a un santuario en Brasil, después de la muerte de su hermano Jambi, sin obtener respuesta positiva hasta el momento de escribir esto.

❖ **Proyecto Gran Simio** (PGS). Esta iniciativa, que no es de naturaleza jurídica pero pretende influir en la legislación, contempla a los grandes simios (chimpancés, gorilas, bonobos, y orangutanes). Según me explicó la representante de PGS en México, Paulina Bermúdez, no se pretende que se les considere como humanos, pues no lo son, sino como homínidos, que sí son. Dada la enorme cercanía genética con el hombre, se procura que sean incluidos en una «comunidad de los iguales» en la que se protejan su vida y su libertad individual y se prohíba su tortura.

Extender a los animales el ámbito de la ética y, por consiguiente, el de las leyes, no significa integrarlos como actores. Un animal no puede ser tratado como una persona legal porque no puede exigir sus derechos ni cumplir la ley. Parece obvio, pero a lo largo de la historia hay muchos ejemplos de animales que han sido encauzados legalmente. Sí, como lo leen. Han sido sentados en el banquillo de los acusados por echar a perder las cosechas, por comerse a otros animales, por herir personas o causar destrozos. Desde luego, todos acabaron condenados al destierro, a morir en la hoguera, ahorcados en la plaza pública, y hasta han sido excomulgados. Eso sí, mediante juicios rigurosos, con todo y defensor de oficio. Por supuesto que no se trata de eso, sino de que reconozcamos, como dice el jurista Pablo de Lora,[28] que nuestros actos tienen un efecto en ellos y, por lo tanto, esas acciones —las nuestras— deben ser reguladas.

Producción intensiva de animales para el consumo humano

La imagen de una vaca pastando felizmente en el campo que presentan los anuncios publicitarios es una ficción o, más bien, un ardid. La inmensa mayoría de los animales destinados a convertirse en alimentos provienen de granjas industriales: pollos, patos, conejos, aves, bóvidos, caballos (para mi sorpresa, México exporta carne de caballo), perros (China es líder en la producción de carne de perro) y camellos (sí, también los camellos se comen en varios países árabes), entre otras especies. En las condiciones en que son criados, estos animales no tienen posibilidades de desarrollar, ya no digamos una existencia medianamente cercana a los comportamientos que les son naturales, sino que sufren maltrato físico y psicológico, por decir lo menos. Me abstendré de explicar los tormentos a que son sometidos los animales que tienen la pésima suerte de nacer en una de estas fábricas. No me refiero a la crueldad que se ejerce por puro gusto, sino a los procedimientos aceptados por normas oficiales. Quien quiera enterarse de los detalles puede visitar, por ejemplo, el mercado

---

[28] Pablo de Lora. *Justicia para los animales*. Madrid, Alianza, 2003.

de animales vivos de San Bernabé, en el Estado de México, donde quienes acuden a comprar y vender animales admiten que se está frente a un auténtico infierno. Si esto ocurre a cielo abierto, imaginemos qué sucede fuera de nuestra vista, entre las paredes de un rastro. Hay también abundante material disponible que muestra las «técnicas» de crianza, transporte y matanza de animales. Es en extremo perturbador por la enorme crueldad exhibida. Debo aclarar que, con frecuencia, me dicen que las escenas presentadas en mis reportajes son elegidas para mostrar los momentos más angustiantes de todo el proceso. Más bien al contrario: con tal de no herir la sensibilidad del espectador, en televisión abierta se acostumbra editar (eliminar) los episodios más violentos de maltrato animal.

También evitaré reproducir la numeralia de las muertes anuales, mensuales, diarias o hasta por segundo, de animales utilizados en la industria. Los números son importantes, pero ¿se puede medir el dolor en volumen? Uno estaría tentado a pensar que no puede ser de otra manera, que la cadena de producción no puede detenerse por ningún motivo. Cuando hay que alimentar a 7,300 millones de personas, ¿quién se va a preocupar por ser amable con las gallinas?

Aunque parece una encrucijada o, mejor, un callejón sin salida, hay iniciativas a gran escala para procurar el bienestar de los animales. Saber que hay al menos una normatividad para criar, transportar y matar animales deja satisfechas a algunas conciencias pues se considera que estamos ante un «sacrificio humanitario»; pero otros ven esto como una falacia. El activista Leonardo Anselmi me comentó que cuando uno imagina que los animales entran a los mataderos vivos y en unas horas salen en trozos, es difícil pensar que algo humanitario sucedió ahí adentro.

Este modelo de producción y consumo ha demostrado, aparte de la crueldad con los animales, tener consecuencias perjudiciales en otros ámbitos. He aquí algunos.

Medio ambiente

Para tener una idea, se puede acudir al estudio de la FAO titulado *La larga sombra del ganado*,[29] que pone las cosas bastante claras. Según esta investigación, la producción de ganado sería causante de la emisión de más de 18 por ciento del gas metano uno de los principales gases que provocan el efecto invernadero. Platiqué de ello con la doctora en economía rural, Yolanda Massieu Trigo, quien asegura que, específicamente, la producción extensiva de ganado bovino es responsable de 9 por ciento del dióxido de carbono que se emite a la atmósfera, de 37 por ciento del metano, y de 65 por ciento del dióxido nitroso. También se refirió a la relación entre la producción de leche y la carencia de agua, afirmando que la región conocida como Comarca Lagunera ha sufrido una grave escasez de agua desde el establecimiento de una cuenca lechera, lo que ha provocado que grandes extensiones de tierra ya no sean viables para ningún tipo de producción agrícola. Los beneficiarios de esta explotación no han sido los comuneros sino las grandes empresas.

No solo es insostenible la industria que comercializa animales terrestres. Lo mismo sucede con la explotación de especies marinas. Informes de Greenpeace indican que, desde el inicio de la pesca industrial en los años cincuenta, las poblaciones de atún, pez espada y bacalao han disminuido en 90 por ciento. Los sistemas de pesca actuales, además, provocan la muerte accidental de especies como el tiburón y los delfines, pérdida de biodiversidad y, consecuentemente, un grave daño al medio ambiente. Esto es resultado de la voracidad de un puñado de empresas y de la mala gestión de los recursos públicos.

Ante este panorama, un grupo de científicos de la Universidad de Oxford se planteó la siguiente pregunta: ¿Qué pasaría si para el año 2050 grandes sectores de la población mundial cambiaran su dieta por una basada en vegetales? A partir de esta pregunta se realizó un ejercicio inédito que evalúa los efectos potenciales de

[29] Food and Agriculture Organization of the United Nations, Roma. *Livestock's long shadow.* Publicación digital de la FAO, 2006.

un cambio semejante en la alimentación, la salud, el medio ambiente y la economía.[30]

Los investigadores plantearon tres escenarios dietéticos.

○ **Primer escenario.** Reduciendo considerablemente el consumo de alimentos de origen animal, adoptando una dieta pescetariana o mediterránea (principalmente frutas, legumbres, cereales, frutos secos, pescado, mariscos y aceite de oliva como grasa principal) se evitarían 5.1 millones de muertes de personas por año; se ahorrarían 735,000 millones de dólares estadounidenses y se reducirían las emisiones de gases de efecto invernadero en 29 por ciento.

○ **Segundo escenario.** Una dieta casi exclusivamente vegetariana (basada en vegetales y, en menor medida, en lácteos y huevos) salvaría 7.3 millones de vidas, generaría ahorros por 973,000 millones y reduciría en 63 por ciento la emisión de gases de efecto invernadero.

○ **Tercer escenario.** Una dieta totalmente vegana evitaría la muerte a 8.1 millones de personas, reduciría gastos por 1,067 billones y disminuiría 70 por ciento las emisiones de gases de efecto invernadero.

Salud laboral

El impacto de la producción extensiva de animales en la salud física y mental de los trabajadores de los rastros es poco conocido. Emplearse en la industria de la producción de carne es una de las ocupaciones más peligrosas y dañinas en Estados Unidos

---

[30] La investigación se hizo a través de la división Oxford Martin Programme on the Future of Food, de la Universidad de Oxford, y se presentó en el documento titulado «Analysis and Evaluation of the Health and Climate Change Cobenefits of Dietary Change», a cargo de Marco Springmann, H. Charles J. Godfray, Mike Rayner y Peter Scarborough. Se publicó en *Proceedings of the National Academy of Sciences of the United States of America*, vol. 113, no. 15. Consultado en línea en octubre de 2016: http://www.pnas.org/content/113/15/4146.full

—en cuanto a México, no encontré datos equivalentes—. El área de matanza es aún más riesgosa. El periodista Eric Schlosser, también autor de *Fast Food Nation*, realizó una extensa investigación sobre los accidentes y enfermedades derivados del trabajo en los mataderos. Entre otros, se presentan heridas graves en extremidades y espalda, fracturas, síndrome del túnel carpial y quemaduras en los pulmones por la inhalación de cloro al lavar los tanques de depósito de sangre. La mayoría de los daños que sufren los empleados no se reportan pues se consideran inherentes a su labor. Schlosser detalla casos de trabajadores, muchos de ellos mexicanos indocumentados, despedidos luego de sufrir estos percances.

Hace 25 años se mataban en un rastro estadounidense promedio 175 animales. Hoy, se sacrifican unos 400, lo que incrementa los riesgos para los trabajadores que están formados en línea frente a las reses con su inseparable cuchillo bien afilado, con el que harán el mismo movimiento unas diez mil veces por día.[31] Se trata, además, de una de las industrias que menos paga.

Si el daño físico es grave, el psicológico es aún mayor pues se trata de un trabajo de naturaleza violenta y con escaso o nulo reconocimiento social. El cineasta nicaragüense radicado en México, Gabriel Serra, quería documentar lo que ocurre en un matadero, y luego de tortuosas gestiones logró el permiso para filmar en un rastro del Estado de México. En una charla con el cineasta, nominado al Óscar por esta producción, me habló de su protagonista, el matarife:

> Yo veo de lejos, allá, a un hombre en un montículo que usa una capucha. «Y él, ¿quien es?», pregunté a un empleado. «Es Efraín», me dice. Su cara era impresionante. Efraín me contó que las vacas, cuando sienten la muerte y se van acercando a este túnel, lloran. «¿Cómo que lloran?». «Sí», me dijo Efraín. «Al sentir la muerte se les cae una lágrima».

---

[31] Información tomada del artículo de Eric Schlosser, «The Chain Never Stops», consultado en http://www.motherjones.com/politics/2001/07/dangerous-meatpacking-jobs-eric-schlosser

La Parka es el sobrenombre de este matarife y el título que Serra dio a su documental. Tiene más de 25 años realizando esta labor. Mata porque tiene que darle de comer a su familia, porque alguien tiene que hacerlo. Las huellas psicológicas y físicas del trabajo que la Parka ha realizado durante años son evidentes.

El deterioro psíquico de los trabajadores de los rastros ha sido bien estudiado y no es anecdótico. El trauma que enfrentan estos empleados, expuestos a un grado de violencia que la mayoría de la población jamás vivirá, tiene efectos en su vida, la de su familia y en la comunidad. Los propios trabajadores califican su labor como una pesadilla de la que no es posible librarse. Se refieren a ello como una «muerte emocional». Este tipo de trauma es comparable con el que experimentan los combatientes de guerra y ha sido definido por los especialistas como desorden de estrés postraumático. Entre sus consecuencias se incluyen el abuso en el consumo de alcohol y drogas, la ansiedad, ataques de pánico, paranoia y amnesia. Otros investigaciones agregan datos, si se puede, más preocupantes: los trabajadores de los rastros son más propensos a involucrarse en delitos violentos, incluyendo la violación sexual. A fin de cuentas, los mataderos son instalaciones donde el abuso está institucionalizado.[32]

Fabricación de pieles

Hace algunos años comenzaron a aparecer en diferentes medios fotografías de modelos y actrices desnudas, entre ellas Eva Mendes, Pamela Anderson, Joanna Krupa y Natasja Vermeer. Portaban un cartel que rezaba: «Mejor desnuda que con pieles». La campaña fue una iniciativa de la organización PETA,[33] que buscaba crear conciencia sobre la fabricación de pieles. Cada año, la

---

[32] Información tomada de: Jennifer Dillard, «A Slaughterhouse Nightmare: Psychological Harm Suffered by Slaughterhouse Employees and the Possibility of Redress Through Legal Reform», *Georgetown Journal on Poverty Law & Policy*, volumen XV, número 2, verano, 2008; y de Celia Duncan, *Human Rights in the US Meat Industry*, Western Washington University, 2013.

[33] People for the Ethical Treatment of Animals.

industria peletera cobra la vida de 20 millones de animales silvestres cazados con trampas y de 40 millones criados en granjas.[34]

En una conversación sostenida con Mimi Bekhechi, directora de PETA Gran Bretaña, me habló de su reciente campaña sobre la lana de angora. Una investigación encubierta en Asia mostró el trato que reciben los conejos destinados a este fin. El sistema fue calificado como «barbarie» por la activista: «Los animales están confinados en jaulas donde apenas pueden moverse. Se les saca de la jaula y literalmente se les arranca el pelo mientras se les mantiene inmóviles atados de las patas. Esto se repite cada tres meses, cuando el pelo les vuelve a salir». Las imágenes y los gritos de dolor de los animales resultaron tan impactantes que en Gran Bretaña las tiendas y cadenas de departamentos dejaron de usar angora.

Para hacer un abrigo se sacrifican, aproximadamente, unas 300 chinchillas, 250 ardillas, 60 visones o martas, 30 gatos o mapaches, 20 zorros, nutrias, linces o focas bebé; 15 ocelotes, 8 lobos, perros o focas adultas, o 6 leopardos.[35] Hay compañías que buscan mantener una imagen positiva ante el público. Sin embargo, a pesar de los esfuerzos, las cifras a nivel global indican que el uso de pieles ha aumentado en los últimos años.

Experimentación con animales

Usamos la expresión «conejillo de Indias» para referirnos a un espécimen destinado a la experimentación. Prácticamente cualquier animal, incluido el ser humano, ha sido conejillo de Indias para científicos, curiosos y sádicos. La experimentación es uno de los temas más complejos, si cabe, de la relación que tenemos con los animales. Se experimenta con ellos para probar desde medicamentos hasta cosméticos, pasando por productos de higiene personal y para la limpieza del hogar. También se realiza con fines de investigación en asuntos como la memoria, el aprendizaje y la conducta. Todo ello en nuestro beneficio. O eso suponemos.

---

[34] Información divulgada por la organización Animanaturalis en http://www.animanaturalis.org/p/animales-para-vestir

[35] *Ídem.*

Cada año, los laboratorios del mundo utilizan al menos 115 millones de animales vertebrados.[36] Es difícil imaginar una vida más penosa que la de un animal de laboratorio. Entre las prácticas más crueles está la vivisección, que consiste en la disección de un animal vivo a fin de estudiar el funcionamiento de sus órganos, y a menudo sin anestesia (igual que lo hecho por el Ejército Imperial Japonés con prisioneros de guerra, en la Segunda Guerra Mundial, y que se consideran crímenes de guerra).

«¿Es necesario experimentar con animales?», pregunté a Beatriz Vanda, médico veterinario e integrante del Programa de Bioética de la Universidad Nacional Autónoma de México. Respondió que no siempre y que habría que diferenciar entre el tipo de estudios que se realizan y con qué propósitos. La investigación básica, por ejemplo, sirve para saber cómo actúan las moléculas en el cuerpo, cómo se eliminan y qué efectos colaterales producen. Los investigadores consideran indispensable el uso de animales para muchos de estos estudios. Sin embargo, hay un gran número de experimentos innecesarios que no responden ninguna pregunta científica importante y, por lo tanto, no contribuyen al conocimiento ni aportan mejoras al bienestar humano o de los animales. En otras ocasiones se repiten experimentos cuyas conclusiones ya se han publicado en otros países, y se aplican nuevamente para comprobar si los resultados coinciden. También existen los pseudoexperimentos, que no están sustentados en protocolos de investigación seria, sino que se realizan nada más para ver qué pasa, sin ningún objetivo claramente definido.

Determinar si un experimento es necesario o superfluo es una tarea de los propios los científicos, lo que dificulta cualquier intervención o regulación externa. Los investigadores se autorregulan. Hablé con el doctor Francisco Pellicer Graham, quien investiga con animales en torno al tema de su especialidad, el dolor:

—Yo vivo de eso y mi postura es utilizarlos, sin duda, pero con reglas. Por ejemplo, hemos acordado no usar especies que

---

[36] Humane Society International, consultado en: http://www.hsi.org/campaigns/end_animal_testing/qa/about.html

tienen una cercanía evolutiva con el hombre, o hacerlo cada vez menos. Sucede con los chimpancés, los gorilas, los delfines. No los utilizamos porque hay manera de obtener el conocimiento a partir de especies que no están en peligro de extinción. Por eso seleccionamos nosotros mismos a las ratas de laboratorio.

—Sí doctor —lo interrumpí—. Pero el punto en discusión no es si la especie está en peligro de extinción, sino el respeto que merecen los animales en términos éticos ¿no le parece?

—Sí, la discusión ética es la utilización del animal por sí mismo — admitió.

Actualmente es obligatorio el uso de animales en la experimentación de muchos medicamentos. No obstante, en las instituciones educativas hay opciones que los sustituyen mediante el uso de nuevas tecnologías. La Universidad del Valle de México fue una de las primeras en utilizar simuladores, es decir, reproducciones de animales con estructuras, secreciones, e incluso pelo, para impartir clases. Por su parte, la Universidad Nacional Autónoma de México cuenta con desarrollos tecnológicos que permiten estudiar la anatomía de un animal a partir de un programa en tercera dimensión, digital e interactivo, y pronto esperan poner en marcha un proyecto de salas de realidad virtual para realizar intervenciones quirúrgicas. Esto se refiere a la enseñanza, pero en la investigación aún se ve lejano el momento en que se detenga esta práctica que, aun con los beneficios que pueda brindar a la población, plantea un problema ético de difícil resolución. Una editorial independiente mexicana recomendable para conocer más del tema es Tiempo Animal.

Espectáculos con animales

El mundo animal siempre ha causado curiosidad al hombre. Ha sido fuente de miedo, pero también de diversión. Para las actividades recreativas con animales se han creado distintos conceptos. Los más relevantes son los siguientes.

Los zoológicos

Tienen su origen en colecciones privadas de animales. Desde la antigüedad en civilizaciones como la china o la egipcia, las clases gobernantes o los acaudalados reunían especies traídas de lejos. En Europa, los monarcas también gustaban de tener «casas de fieras». Lo mismo ocurría en el México prehispánico. En excavaciones realizadas en el Templo Mayor hace cerca de una década, se encontraron numerosas osamentas de lobos y aves que, según las evidencias, eran criados en cautiverio. Se cree que más que un parque de diversiones, el llamado popularmente «Zoológico de Moctezuma» era un sitio donde se conservaban estos animales para ser utilizados en prácticas rituales o como insumos. Es en el siglo XVIII, en Europa, cuando se crean los zoológicos propiamente dichos y se abren al público.

¿Para qué sirve un zoológico? En teoría, se trata de sitios para la conservación de determinadas especies. Tienen fines didácticos y recreativos. Estas premisas son cuestionadas por algunos especialistas. Platiqué del asunto con Maricarmen García Elías, quien durante años ha sido artífice de sorprendentes rescates de animales silvestres. Asegura que, aunque nos parezca divertido ver animales en directo, lo que se fomenta no es su bienestar sino su cautiverio, lo cual es contrario a la intención de preservar la vida silvestre. La representante de The Wild Animal Sanctuary de Colorado, Estados Unidos, hace una distinción entre zoológicos y santuarios:

> Un zoológico está pensado para la diversión de las personas, a diferencia de un santuario que está dedicado a los animales. En un zoológico tenemos animales que son exhibidos por simple gusto. La mayoría de las veces no existen ni proyectos de conservación ni liberaciones exitosas. En la mayoría de zoológicos, los espacios son insuficientes, los animales están estresados, hay muchas muertes. Es un mal ejemplo en términos educativos.

Los zoológicos como los conocemos actualmente deberían desaparecer, dice la exdirectora del Zoológico de Chapultepec, Marielena Hoyos. La exfuncionaria me explicó que su función en las ciudades está rebasada, pues no son espacios propicios para la conservación. Los animales que nacen en cautiverio difícilmente pueden regresar sus hábitats naturales porque no han desarrollado las habilidades que tendrían de haber nacido en libertad.

Muchas personas se informaron de estos temas tras el escándalo que significó la muerte del gorila Bantú, en un incidente poco claro, durante su traslado al Zoológico de Guadalajara para que se encontrara con dos hembras de su especie con fines reproductivos. La muerte de Bantú destapó la realidad de uno de los zoológicos más visitados de América Latina, donde en siete años murieron al menos 2,883 animales, es decir, 412 por año. El jugoso seguro de vida cobrado por la muerte de Bantú, 80,000 dólares, intensificó el debate sobre la necesidad de replantearse la existencia, no únicamente del Zoológico de Chapultepec, sino de todos los recintos de este tipo, que para muchas personas son centros de detención de animales que no han cometido delito alguno. En los zoológicos se suele aplicar la eliminación «humanitaria» de animales sanos, incluidas crías, práctica aceptada por asociaciones internacionales de zoológicos y acuarios.

Frente a los zoológicos tradicionales hay otros modelos de gestión. Un ejemplo es la Unidad de Rescate y Rehabilitación Bioparque Convivencia Pachuca, antes Zoológico de Pachuca. Este sitio se transformó para convertirse en refugio de animales silvestres víctimas de maltrato. El Bioparque es un lugar temporal para la recuperación y preparación de los animales que, una vez rehabilitados, son trasladados a santuarios.

Circos

En los circos los animales únicamente pueden tener dos procedencias: o son capturados en su medio natural (generalmente se mata a la madre para obtener a las crías, de las que solo algunas sobreviven), o bien nacen en cautiverio. En los limitados espacios de las jaulas, no podrán mostrar sus comportamientos naturales, sino que serán amaestrados para realizar suertes contra natura. Osos o elefantes que bailan, felinos que cruzan aros de fuego o abren las fauces para que el domador introduzca la cabeza, son comportamientos que nunca realizarían espontáneamente. Los medios para lograrlo son el maltrato físico, que incluye golpes y descargas eléctricas, o la privación de alimento. Leonardo Anselmi, representante de la fundación Franz Weber, advierte que el uso de los animales en estos espectáculos es aberrante «porque estamos usando el sufrimiento para divertir, para generar supuesta felicidad». Tras un intenso debate, en 2015 se aprobó en México una ley federal que prohíbe el uso de animales silvestres en los circos. La resistencia de los propietarios fue férrea, incluso hubo quienes amenazaron con matar a los animales o abandonarlos (por cierto, lo cumplieron). Alrededor de 200 circos contaban hasta entonces con permisos para tener animales como parte de sus espectáculos. Aunque nunca ha habido un padrón de animales de circo, muchos miles eran las estrellas de las pistas. Entre ellos elefantes, leones, tigres, cebras, camellos, osos, monos, caballos e hipopótamos, que seguramente no extrañan los aplausos. Sin embargo, al no ser de utilidad han sido vendidos a coleccionistas o sacrificados.

Corridas de toros

Las corridas de toros (junto con otras prácticas como las peleas de gallos y las suertes de charrería) constituyen una excepción en las leyes de protección a los animales. El argumento central es la tradición y el arte de estos espectáculos. Antonio Franyuti, representante de la agrupación Animal Heroes rebate esa justificación: «Hay que terminar con las excepciones como las corridas de toros. El toro siente, el toro es más débil que nosotros, hay que protegerlo, igual que a los gallos y a los perros. No está bien. No habla de una sociedad civilizada el hecho de que las personas se diviertan con la sangre y el sufrimiento de otros seres». Es posible aceptar que estas actividades son producto de una cultura y una tradición, pero bajo el mismo razonamiento tendríamos que aceptar la venta de mujeres en comunidades indígenas en el sureste de México por unos cuantos pesos o su intercambio por cigarros y mezcal. Y muchas otras tradiciones que a la mayoría, en el mundo de hoy, le parecen indignantes.

De igual modo, si concediéramos que se trata de formas artísticas, habría que preguntarse: ¿el arte no tiene límites? Si al representar, pongamos como ejemplo, Romeo y Julieta, el protagonista fuera en verdad envenenado por el director, y Julieta cometiera suicidio en escena, ¿nos parecería aceptable? Representar el dolor y la muerte artísticamente es, al final de cuentas, una ficción. Torturar y matar en nombre del arte en la realidad es otra cosa, excepto si se trata de animales, en quienes aplicamos una escala de valores distinta. Habría que preguntarse qué lugar ocupa la vida, y cuál el arte y la tradición.

La filósofa Juliana González equipara la defensa de espectáculos con animales, como la tauromaquia, con la de otros comportamientos hacia seres humanos pertenecientes a sectores que han sido o son vulnerables:

> Yo podría argumentar, superando con creces la argumentación de Fernando Savater,[37] en cuanto a la raíz cultural, espiritual o humanística, justificando el predominio del macho sobre la hembra. Lo que ha sido la mujer, lo que fue el negro, ahora es el toro. Son desigualdades brutales las que nos hacen creer que uno es el dominante y el otro tiene que ser dominado. ¿Es que no cambiamos? ¿Permanecemos igual que en el siglo XVIII, XIX o que en el mismo siglo XX?

---

[37] En *Tauroética*, Fernando Savater plantea que «el toreo es un asunto de libertad y es una opción que no es similar a la de atacar a los demás seres humanos». Escribe que «la moral hace referencia a las relaciones humanas. Ir contra las corridas de toros no puede ser una norma moral impuesta a todo el mundo».

Cacería

En general, podemos hablar de tres tipos de cacería: de subsistencia, furtiva y deportiva. Aunque las fronteras entre ellas no siempre están bien definidas, es un punto de partida para acercarse a esta actividad.

La cacería de subsistencia la practican comunidades o personas como medio de supervivencia. En Petcacab, región maya de Quintana Roo, sus pobladores encuentran en la fauna silvestre un medio para alimentarse y obtener recursos mediante la venta. Esta actividad es acotada por ciertas reglas fijadas entre los pobladores y está vinculada a su cultura. Podemos decir que el problema aquí es la pobreza, la falta de oportunidades y la mala gestión de los recursos.

La cacería furtiva no se practica para el autoconsumo, sino como *modus vivendi*. Se ejerce fuera de la ley y lleva a una depredación y eventual extinción de la fauna. No respeta hembras preñadas, crías, machos dominantes o ejemplares de especies protegidas. Entre miles de especies cerca de desaparecer en México, en parte por la cacería furtiva, están el borrego cimarrón, el venado cola blanca o el berrendo. En el mar, las especies en peligro son la tortuga carey, el tiburón ballena y la totoaba. La motivación es, evidentemente, el lucro. Y se trata en lo esencial de un problema de ilegalidad, de indiferencia.

La cacería deportiva se practica por esparcimiento. Muchos gobiernos, como el mexicano, la consideran estratégica para el turismo y la economía de ciertas regiones. A esta actividad me referiré con mayor extensión por ser la más controvertida y la que está más claramente vinculada con las propuestas del veganismo respecto al valor de la vida de los animales.

En tiempos recientes, una excursión de caza hizo estallar a la opinión pública. El león Cecil, de 13 años, que vivía en la reserva de Hwange, en Zimbabue, había alcanzado la madurez suficiente para estar al frente de un grupo que comprendía tres hembras y siete cachorros. Era un icono de la reserva con su melena oscura e imponente presencia. El dentista estadounidense Walter Palmer pagó unos 50,000 dólares a los guías que lo llevaron al encuentro del que fue el león más amado de Zimbabue.

Este episodio ha hecho reflexionar a muchos sobre el sentido de la cacería deportiva. ¿Qué motiva a un cazador? Al conversar con algunos de ellos, la respuesta que obtuve fue que los domina un deseo de experimentar un vínculo ancestral con la naturaleza. «Es una actividad que viene de familia», dice el cazador José Alberto Meroño. «Es generacional. Uno comienza de niño, cuando va con el papá a cazar palomas y empieza a aprender las reglas de las armas».

Jesús Mosterín, filósofo de la ciencia, afirma que la caza deportiva es una inmoralidad injustificada, pero no así la caza con arco y flecha de las tribus primitivas. Esto es parte de lo que hablamos:

—¿A qué se debe esta distinción moral y qué más le da al animal que va a morir? —pregunté.

—Las acciones a veces tienen sentido y a veces no lo tienen. Durante mucho tiempo, la única comida que los seres humanos tenían disponible eran otros animales, y tenían que cazarlos para sobrevivir.

—Es decir, doctor, no era un asunto de elección.

—No. Todo esto cambió hace unos 10,000 años con la revolución del Neolítico. Los seres humanos pasaron de recolectar plantas silvestres a cultivarlas. Así comenzó la agricultura. En la medida en que querían comer carne, empezaron a domesticar a ciertos animales. Hoy, la caza deportiva es una actividad que no tiene absolutamente ningún sentido y que puede ser abolida sin ningún tipo de pérdida.

—Entonces, ¿por qué se sigue practicando?

—Porque a un ser que está acostumbrado a matar le apetece apretar el gatillo. No juega ningún papel en la alimentación pública ni en la investigación. Nada. Es superflua e inútil. Lo mejor sería prohibirla.

La condición de los animales de compañía

La domesticación de animales viene de tiempos prehistóricos. Es un proceso que involucra tanto al animal como al ser humano. Nuestros antepasados empezaron a criarlos para contar con fuentes de alimento. También se dieron cuenta de que podían utilizar ciertas especies para el trabajo, el transporte, o como ayuda en la cacería. A su vez, hubo animales que se acercaron a aquellas primeras comunidades en busca de comida. Con el tiempo los pobladores descubrieron y apreciaron las cualidades de algunos animales y encontraron en ellos afecto y compañía.

Por su belleza, lealtad, capacidad de adaptación y habilidades, el perro es el animal de compañía mas antiguo del que se tiene noticia. Aparece como «mascota» hace unos 15,000 años. El gato es otro animal que, por su milenario proceso de domesticación (de entre 5,000 y 8,000 años), se adaptó al ser humano. Perros y gatos han alcanzado tal afinidad con las personas que son completamente dependientes de nosotros para su bienestar. El medio natural de un perro o un gato es una familia humana. Aquellos que encontramos en la calle no son animales libres sino abandonados.

En México, según datos del INEGI (Instituto Nacional de Estadística y Geografía), hay por lo menos 26 millones de perros y gatos, aunque la cifra negra, sobre todo en cuanto a los gatos, podría ser mucho mayor. México ocupa el primer lugar en América Latina en número de animales de compañía abandonados.[38] Menos de la tercera parte tiene un hogar. El destino de los perros en situación de calle es la muerte. Nueve de cada diez perros en nuestro país son electrocutados o ejecutados por las autoridades mediante estos u otros sistemas igualmente crueles. Los que permanecen en la calle tienen una baja expectativa de vida

---

[38] Con frecuencia me preguntan a qué organización o instancia pública acudir si se encuentra a un animal doméstico abandonado o atropellado en la calle. Lo mejor es rescatarlo uno mismo, pues no hay organizaciones públicas o privadas dedicadas a su rescate. Si estamos frente a un caso, no de abandono sino de maltrato, esto se puede denunciar ante órganos de justicia locales.

y son víctimas de maltrato. La tendencia mundial en protección animal pretende que los antirrábicos se transformen en hospitales veterinarios o en centros de bienestar animal, dejando atrás la práctica de matarlos, para optar por la esterilización y promover al mismo tiempo la adopción de animales de compañía. Hasta hoy, en México no se han establecido políticas publicas para llevar esto a la realidad. Por ello, la sociedad civil ha tomado en sus manos la promoción de la adopción.

¿Compra vs. adopción?

Con tal cantidad de perros abandonados en la calle o que permanecen en albergues en espera de un hogar, habría que preguntarse si vale la pena comprar un animal de compañía. Los ejemplares que se venden son, por lo general, los llamados «de raza pura», de pedigrí. ¿Necesitamos la crianza de mascotas? Le pregunto a Penélope Hoyo, psicóloga conductual y etóloga canina: «Yo creo que cada criador responsable hace un gran trabajo. No es nada fácil conservar un banco genético lo suficientemente extenso como para no provocar enfermedades congénitas en ninguno de sus ejemplares. Pero por otro lado, como dicen los protectores, un amigo no se compra. No es necesario pagar por un ejemplar para tener a nuestro lado a un gran compañero».

La reproducción de animales de compañía es una actividad regulada pero poco vigilada en México. En relación con los perros, la Federación Canófila Mexicana es una agrupación confiable para quienes desean un ejemplar que pertenezca a una raza determinada. Los criaderos reconocidos por esta organización son limitados y están bien identificados. Algunos realizan la meritoria labor de proteger razas que de otro modo podrían extinguirse.

Respecto a los gatos, en nuestro país la cultura sobre esta especie es escasa. La Federación Felina de México, reconocida por la Fédération Internationale Féline, con sede en Luxemburgo, busca fomentar tanto el conocimiento, el cuidado, como la crianza responsable y controlada de las diversas razas de gato y en general de los felinos domésticos.

Animales silvestres

Hay quienes desean tener animales silvestres en casa, lo que no es una buena idea por diversas razones.

- ✿ **Salud**. La fauna silvestre, incluida la que proviene de criaderos, con frecuencia puede transmitir al ser humano (o a la inversa) enfermedades de difícil detección y tratamiento. A esto se le denomina zoonosis.
- ✿ **Medio ambiente.** Tener en casa un ejemplar de la fauna silvestre generalmente implica haberlo extraído de su medio natural, lo que provoca una reducción en la población de la especie, dañando con ello al medio ambiente que requiere de estos animales para que el equilibrio se mantenga.
- ✿ *Bienestar del animal.* Por cada animal que se lleva a un punto de venta habrán muerto entre cinco y ocho ejemplares durante la captura, el traslado y la exhibición. Por otra parte, difícilmente se pueden reproducir en una casa las condiciones de vida, alimentación e interacciones con otras especies que tendría un animal silvestre en su medio, por lo que su existencia será deficiente y su esperanza de vida se reducirá.
- ✿ **Legalidad.** Hay un comercio de fauna silvestre legal y otro ilegal. Gran parte de los animales silvestres que se ofrecen en venta son producto de capturas ilegales. Se trata de especies en riesgo de desaparecer o sobre las cuales existe una veda.

  Comerciar con estas especies es un delito que se contempla en el Código Penal Federal, en el apartado de «Delitos contra la biodiversidad». El tráfico de especies protegidas es el tercer negocio más lucrativo del planeta, después del tráfico de armas y el de drogas.

Si se trata o no de una compra ilegal, es trascendente para nosotros, las personas, pero no para el animal. En apoyo de mi dicho, cito una experiencia vivida en el Centro Mexicano de Rehabilitación de Primates, en Catemaco, Veracruz. Me encontré con un gran número de monos araña y monos aulladores. Resulta que, luego de comprarlos, sus dueños los abandonaron o llamaron a las autoridades para que se hicieran cargo de ellos pues causaban destrozos en las casas y se habían vuelto agresivos. Intentar devolverlos a su medio, que es lo que pretende este centro, es complicado pues no tienen las habilidades para sobrevivir: no se comunican vocalmente, no saben obtener comida ni defenderse de la amenaza de otros animales. Su verdadero hogar, pues, está lejos de los seres humanos.

Ahora que tienes una idea general de los ejes del veganismo, ha llegado el momento de conocer las situaciones más frecuentes que traerá consigo tu nueva forma de vida y diversas ideas para abordalas

Capítulo 3
Hoja de ruta

¿Quieres un magnífico karma?
Hazte vegano.
Alicia Silverstone

Ser vegano no es un sacrificio
sino una alegría.
Gary L. Francione

Mitos, realidades y leyendas urbanas

CUANDO EL VEGANISMO SALE A CUENTO, SUELE ESCUCHARSE DE TODO, DES-
de personas que respetan o admiran este estilo, hasta descalificaciones, pasando por dudas reales y válidas. Hacerte una hoja
de ruta (un plan específico para alcanzar un objetivo) requiere
que consideres los obstáculos y comentarios negativos con que te
toparás en el camino. A continuación presento algunas de las
ideas que con mayor frecuencia aparecieron en las consultas que
realicé en redes sociales, y que me parecen son un buen punto de
inicio para seguir adentrándonos en el estilo vegano. Además
de ser las más representativas, servirán para dar una idea de cuáles son las posturas más comunes en favor o en contra de este estilo de vida.

Los veganos son radicales

Según la definición de diccionario, radical es algo relativo a la
raíz, que afecta la parte fundamental o el principio de una cosa
de manera total. En ese sentido, el veganismo lo es, pues no se
anda por las ramas ni por las orillas sino que busca profundizar,
va directo a la raíz; se ocupa de ideas sustantivas o esenciales de
nuestro pensamiento y conducta. Si con el término «radical» se
quiere dar a entender que los veganos son extremistas, a la manera de los grupos que buscan la imposición de sus ideas, me
parece que la acepción resulta errada, pues el veganismo es una
práctica derivada de razonamientos filosóficos, morales, ecoló-
gicos o que involucran la salud; no es un pensamiento que pro-
venga de una autoridad sino del convencimiento individual. Jack

Norris, dietista estadounidense y presidente de la organización Vegan Outreach, asegura que no hay forma de imponer el veganismo de manera autoritaria, sino que es algo que se expande por sí mismo, de forma horizontal e individual: «No veo un escenario razonable donde el veganismo se expanda de otra manera».

El veganismo es un dogma

Un dogma es indiscutible, único y uniforme para todos los que pertenecen a una religión o doctrina. Desde luego, el veganismo no es ni una religión ni una doctrina. Vamos, ni siquiera es un grupo compacto, sino más bien disperso, con puntos de vista distintos. No hay actos de fe en el veganismo sino muchas formas de abordarlo. Si algo lo caracteriza es su diversidad de posturas. Quizás el único punto en común sea la búsqueda del respeto a todos los animales y el propósito de no dañar a ninguno de ellos con nuestros actos, lo que no es un dogma sino una aspiración para tener una vida mejor.

Los veganos aman a los animales y odian a las personas

En realidad, ser vegano no se trata de amar a los animales sino de respetarlos y encontrar mejores formas para relacionarnos con ellos. Partimos de una idea esencial: o bien los seres humanos somos animales, o los animales, en tanto seres sintientes, se pueden considerar personas. Sería una enorme contradicción, entonces, despreciar a los hombres en función del supuesto amor a los animales, igual que lo es usar a los animales en función de la supuesta superioridad de los hombres.

Los veganos son terroristas

Cuando una persona irrumpe en un refugio de animales y los mata, lo más probable es que quede libre de cargos. Hay muchos ejemplos de ello. En cambio, si un defensor de los animales (no necesariamente vegano) entra a un laboratorio y se lleva a los animales con los que se experimenta, se le señala como terrorista. Personalmente estoy en contra de cualquier acto ilícito, pues creo que la defensa de los animales pasa por la legalidad, pero me parece excesivo calificar de terrorismo una conducta que muy poco se relaciona con ese cáncer de la sociedad moderna. Creo que a veces los activistas llegan a equivocarse en los medios. No tiene nada que ver con el supuesto «terrorismo».

Los animales también se matan entre sí

Claro, ellos no tienen opción, matan para comer o defenderse, no para dañar ni por el placer de eliminar a otro ser. Nosotros sí tenemos alternativas; podemos proceder de una u otra manera, podemos elegir dañarlos o no, y nuestra integridad seguirá intacta. Tenemos deberes, leyes, escalas de valores de las que carecen los animales. El escritor y activista Georges Dupras, dice: «Un león caza una gacela y después lo ves durmiendo junto a la gacela muerta. No oculta sus actos. No hay hipocresía, no hay agenda. Nuestro proceder es racionalizado, el de ellos no lo es».

Somos la cúspide de la cadena alimenticia

Según el Instituto Francés de Investigación para la Exploración del Mar, desde el punto de vista biológico nuestro lugar en la cadena alimenticia (lo que los científicos llaman «nivel trófico») es cercano al de los cerdos y al de las anchoas, y está muy lejos de quienes ocupan la cima, los depredadores superiores como las orcas. Si los seres humanos nos hemos colocado en ese sitio es porque rompimos los ciclos de la naturaleza, y más que formar parte de la cadena alimenticia, digamos natural u original, nos apoderamos de toda ella para justificar nuestra supuesta supremacía. Somos el único ser vivo que puede decidir cómo se integra al resto de la naturaleza y hemos decidido, sin que nos corresponda por nuestras características biológicas, hacerlo como depredadores implacables.

El veganismo no es viable en el mundo

No sabemos el rumbo que tomará este estilo de vida, pero sí sabemos que no se trata de una cuestión estadística. Es innegable que para mucha gente el veganismo empieza a ser una opción ideal, aunque para otros no sea así. Lo importante es que, ya sea permaneciendo como una práctica minoritaria o generalizándose a la mayoría de la sociedad, siempre se tratará de una elección individual. Si la idea de que el estilo vegano es inviable se basa en la imposibilidad de desaparecer la industria alimenticia, yo diría dos cosas: primero, el veganismo no es una propuesta económica sino una práctica de vida que podría afectar (y afecta) la elaboración de alimentos; segundo, que los sistemas actuales de producción son convenientes para la mayoría y eso facilita su tendencia a la perpetuación. Por una parte, la industria obtiene grandes ganancias con productos derivados de los animales, y por la otra, son muchos los consumidores que adquieren estos productos por distintas razones y lo seguirán haciendo. En cuanto la demanda disminuya, esta fórmula económica cambiará.

Los veganos sí consumen productos animales

Esto se dice partiendo de que, inequívocamente, muchos de nuestros actos pueden implicar la muerte de distintas especies. Nadie niega que al realizar nuestras actividades habituales podemos provocar la muerte de animales. Por ejemplo, con el simple hecho de movernos podemos aplastar insectos. En otras ocasiones, la vida moderna y el progreso nos llevan a usar un aeropuerto o una carretera cuya construcción afectó a los animales y su hábitat. La muerte es un hecho natural dentro del ciclo de la vida, pero lo que a un vegano le parece inaceptable es el daño consciente, la esclavización y explotación de los animales, lo cual deriva de un acto volitivo en mayor o menor grado. El veganismo pretende respetar la vida de todos los animales en la medida de lo posible.

Los veganos se creen superiores moralmente

Un vegano busca ser mejor respecto de sí mismo, no respecto de los demás. Al menos así es como yo entiendo el veganismo. Tal vez la descalificación derive de que las consideraciones éticas y morales parecieran estar devaluadas en estos tiempos, por lo que apelar a ellas para hacer un autoexamen puede parecer fuera de lugar. Vivimos en un mundo que busca el beneficio inmediato, las soluciones a corto plazo y al menor costo sin importar los posibles efectos negativos. La moral y la ética nos invitan a pensar en la motivación y las consecuencias que tienen nuestras acciones, no para ubicarnos por encima de los demás en un acto de soberbia, sino para encontrar nuestro verdadero lugar en el mundo. El veganismo parte esencialmente de una consideración ética; es su sustrato. Imposible llevar esta consideración a buen término si no se parte de la igualdad del valor de la vida.

Comemos carne por costumbre y cultura

En realidad es al revés: los hábitos y tradiciones mutan por multitud de circunstancias. Nadie, por ejemplo, vive a la luz de una vela si tiene electricidad a su alcance. En general, es decisión nuestra continuar con nuestros hábitos o no, sobre todo cuando los encontramos perjudiciales o inconvenientes, personal o socialmente. Hay buenas razones para cuestionarnos las usanzas de nuestro entorno e informarnos sobre el impacto de esas prácticas. Dice Isaac Bashevis Singer: «La gente con frecuencia dice que los seres humanos siempre han comido animales como justificación para continuar esta práctica. De acuerdo con esta lógica, no deberíamos intentar evitar que la gente asesine a otras personas, dado que esto se ha hecho desde el principio de los tiempos».

Comer carne hizo que el cerebro humano evolucionara

Esta hipótesis no tiene consenso entre los científicos. El médico genetista de la Universidad de Oxford, Stephen Oppenheimer, se pregunta si consumir carne es la razón del desarrollo de nuestro cerebro. Entonces, ¿por qué los carnívoros por antonomasia, como los leones o la hienas, no han tenido esa evolución? Otros estudiosos apuntan a que la cocción de los alimentos es la causa del desarrollo del cerebro, entre ellos la neurocientífica Suzana Herculano-Houzel, del Instituto de Ciencias Biomédicas de la Universidad Federal de Río de Janeiro, pero tampoco aporta una prueba contundente. Alfred Russell Wallace, quien se anticipó a algunos aspectos de la teoría de la evolución de Darwin en su obra *El archipiélago malayo* y que colaboró estrechamente con el naturalista, dice que la diferencia entre el cerebro de un hombre primitivo y el de un filósofo del siglo XIX es casi inexistente. La distinta respuesta a estímulos semejantes se debería a cuestiones culturales, no a características biológicas. En realidad, hay diversos factores que pudieron contribuir a la evolución del hombre —la bipedestación o la oposición del dedo índice al resto de los dedos de la mano, entre ellos—, pero no hay nada definitivo. De cualquier modo, no parece haber de qué preocuparse si se plantea el problema a la inversa, pues todo indica que no hay posibilidad de que una dieta vegana lleve a una involución del cerebro.

La proteína animal es insustituible para la alimentación humana

Sobre esta afirmación abundaré en el capítulo dedicado a la alimentación. Por ahora bastará con un breve comentario. El ser humano es un animal omnívoro, lo que significa que *puede* comer todo tipo de alimentos, no que *deba* comerlos. Jesús Mosterín lo dice de manera explícita: los seres humanos tenemos una alimentación oportunista, es decir, nos alimentamos con aquello que está a nuestro alcance, con lo que tenemos a nuestra disposición. Hay comunidades e individuos que, por la razón que sea, viven sin consumir frutas, verduras o carne. Por otro lado, las proteínas se pueden obtener de diversas fuentes. No nada más están presentes en los productos animales; en el reino vegetal encontramos proteínas completas en leguminosas y cereales, por ejemplo. Las tablas de equivalencias que presento en el capítulo correspondiente ayudarán a tener más claro este tema. A muchos les sorprenderá saber que leguminosas como la alubia, el frijol, el garbanzo, las habas y las lentejas ofrecen un alto contenido de proteínas de la mejor calidad.

Ahora sí, aclarados, o al menos cuestionados, todos estos mitos y leyendas urbanas, estamos en condiciones de establecer nuestra hoja de ruta.

Un camino hacia el veganismo

Luego de conversar con personas que se han hecho veganas, he encontrado que su camino hacia este estilo de vida se conforma de varias etapas, más o menos parecidas. Para empezar, habría que decir que no es un recorrido aterciopelado, sino un desafío que demanda disciplina y perseverancia. Toda transformación requiere un esfuerzo. Recuerda otros momentos de cambio importante en tu vida (iniciar una nueva etapa de estudios, empezar a trabajar, salir de casa de tus padres, comenzar una relación, o decidirte a comprar un departamento). Todas fueron decisiones que te llevaron a un nuevo estadio de crecimiento y satisfacción pero no estuvieron exentas de esfuerzo y contratiempos. Mi recomendación es que des pasos sucesivos y a tu ritmo pues no hay prisa alguna. Mientras mayor conciencia tenemos de lo que pensamos y sentimos es más fácil manejarlo.

Las fases que reproduzco al inicio de cada etapa surgieron de un cuestionario que envié a conocidos que, de una manera u otra, tenían experiencia en esta transformación. Sus vivencias en estas fases pueden serte útiles, no únicamente en la transición hacia el veganismo, sino en cualquier otro cambio que estés dispuesto a implementar.

Vegano abrumado

Cuando descubrí todo lo que implicaba la manera
en que tratamos a los animales
sentí que el mundo se me venía encima,
pues me di cuenta de que toda mi vida
había participado en el abuso de los animales.
¡Fue deprimente!
Arianna, estudiante universitaria

Una vez que prendas el radar sobre los temas que abarca el veganismo quizá te sientas sobrepasado, sobre todo en lo referente a lo mal que la pasan los animales. En blogs, libros, películas especializadas y también en medios de información general, encontrarás, aun sin proponértelo, muchas situaciones que te resultarán angustiantes o dolorosas en torno a la explotación de muchas especies. De alguna manera todos somos partícipes de esa explotación, pero no tienes por qué cargar sobre tu espalda con todas las calamidades del mundo. Lo que sí puedes hacer es cambiar tu vida. Esa es la parte que te corresponde... ¡y ya está en marcha!

El tema de la alimentación también puede resultar agobiante. Recuerda que estás aprendiendo; cambiar tus hábitos toma tiempo, no te desesperes. En ocasiones, cuando estamos frente a una situación que nos rebasa nos petrificamos. Es mucho mejor hacer lo que esté dentro de tus posibilidades, dar pasos pequeños y constantes. Más que pensar en lo que *no* podemos hacer debemos pensar en lo que *sí* podemos lograr. En esta etapa te abordarán muchas dudas. Recuerda que dudar no es malo. Al contrario, nos impulsa a investigar, reflexionar y así tomar las mejores decisiones para nosotros. Hemos crecido con muchos condicionamientos sobre cómo deben ser las cosas y, cuando recibimos nueva información sobre lo que pensábamos inamovible, es natural que nuestra mente empiece a oscilar. Por suerte, tenemos el pensamiento crítico para poner a prueba nuestras ideas.

Por otra parte, debido a que no nada más se está rompiendo con esquemas alimenticios sino con dinámicas sociales y familiares, seguramente habrá amigos o parientes que, llevados por una preocupación real, o por puro ocio, buscarán hacerte caer en la «tentación» de comer carne o te pondrán trampas. Lo mejor es no preocuparse por estas críticas o bromas. Persiste hasta que tus dudas se disipen. Raúl, un filósofo, me escribió: «Hacerse vegano no es equivalente a curarse de una enfermedad o deshacerse de una adicción». Así que, si por alguna razón has vuelto a comer carne luego de seguir una dieta vegana, no significa que hayas cometido un pecado o que ya no puedes continuar con tu propósito. Nada de eso. Cuando dudes, recuerda qué fue lo que te llevó a acercarte a este estilo de vida. Incluso puedes hacer un listado de tus motivos para tenerlos siempre presentes. Esto fortalecerá el cumplimiento de tus decisiones.

Vegano de clóset

> *Tengo un grupo de amigos de toda la vida*
> *con los que acostumbro organizar asados en casa.*
> *Temía que al saber que me había vuelto vegetariano*
> *me excluyeran de sus reuniones.*
> Alberto, abogado

Tener un comportamiento minoritario o que rompe con los convencionalismos puede provocar la sensación de tener un secreto importante, un esqueleto en el armario. Aunque el veganismo se trate de una conducta de la que puedes y debes sentirte orgulloso, tal vez pienses que de algún modo te estás negando a participar en actividades importantes para tu vida y para las personas cercanas a ti. Un cambio en el estilo de vida no implica una ruptura con tu familia o amigos; tampoco aislarte, esconder lo que piensas o perder amistades por el solo hecho de dar un golpe de timón. Cuando guardamos en secreto una parte fundamental de nuestra vida se genera una tensión que en algún momento se tiene que liberar.

Casi todos tememos a la crítica, y más si esta viene de un ser querido. A nadie le gusta el rechazo, pero actuar partiendo del temor o la inseguridad no es lo más recomendable. Toma en cuenta que, en última instancia, lo raro sería que no te importara la reacción de los demás. Claro que importa, pero no debes sacrificar tus convicciones personales con tal de ser aceptado. Por otro lado, solemos sobredimensionar la reacción de los demás o racionalizar en demasía las situaciones, lo que genera inseguridad, miedo, angustia. Identifica qué temes que te impide mostrarte ante los demás. ¿Temes perder un amigo, ser víctima de bromas o tener que quedarte callado cuando critiquen tus posturas? De ser así, sinceramente te recomiendo que replantees el lugar que esos supuestos amigos, bromistas o críticos deben tener en tu mundo.

Si crees que serás rechazado por tu familia y tu entorno, fíjate en estas cifras sobre la aprobación de veganos y vegetarianos en las familias mexicanas:

80 por ciento de las personas aprueba a los vegetarianos y 56.7 por ciento aprueba a los veganos.

Estos datos provienen de una encuesta elaborada por el Gabinete de Comunicación Estratégica (GCE, una empresa de consultoría). De acuerdo con esto, si nos apegamos a la estadística, la reacción de tu familia será tan imprevisible como lanzar una moneda en el aire.

Lo recomendable es identificar con la mayor claridad posible aquello que te provoca miedo, pues así será mucho más fácil afrontarlo y dimensionarlo en su justa medida.

Como ya dijimos, un error frecuente es el aislamiento. Rodéate de nuevos amigos que seguramente encontrarás en este trayecto de tu vida, pero también involucra a tu entorno inmediato en los planes. Si llegas a estar en una situación parecida a la de Alberto, con quien iniciamos este apartado, no dejes de ir al asado sino que opta por comer una parrillada de verduras. Es más: convida a los otros para que prueben. No te alejes de quienes no comparten tus intereses, sino concéntrate en aquello que tienen en común, comenta con ellos tus experiencias y comparte tus hallazgos. Acepta y escucha las críticas, explica tus posiciones y continúa actuando como has decidido, conforme a tus principios. El estilo de vida vegano no es algo que debas ocultar sino un motivo de orgullo y satisfacción. Vívelo así y proyectarás una actitud positiva. La gente se acercará a ti buscando tu consejo y amistad.

Siempre he creído que las personas que critican revelan más de sí mismas que del objeto criticado. La gente se incomoda cuando se habla de veganismo o vegetarianismo. Como dije al analizar los mitos que se enfrentan al ser vegano, pareciera que en nuestro comportamiento hubiera un reclamo implícito hacia quienes no lo son. Es como si, de hecho, les echáramos en cara su falta de ética, aunque no lo hagamos ni con la actitud ni con la palabra. Desde luego que hay veganos que insisten en reprochar a los demás su forma de vida y discrepo completamente de tal actitud. No se justifica el ataque contra quien no es vegano, como tampoco se justifica, a la inversa, el ataque a quienes sí lo somos. Creo que la tolerancia es el único instrumento que tenemos al alcance para ponernos de acuerdo y ser mejores.

Vegano militante

> *He pasado por varias etapas:*
> *un tiempo estuve muy enojada porque*
> *a la gente no le cae el veinte de ser compasivo.*
> *Hasta ahora entiendo*
> *que no tengo que convencer a nadie.*
> Martha, comunicóloga

Cuando encontramos algo que nos convence es lógico que queramos comunicarlo a los demás. Entre eso y buscar adeptos hay una gran diferencia. El veganismo no conlleva necesariamente el activismo por la defensa de los animales. Es posible llevar un estilo de vida vegano sin participar en organizaciones civiles y sin acudir a manifestaciones o marchas, pero sin duda el veganismo implica una postura política e invariablemente comporta una responsabilidad sobre nuestra conducta y elecciones. También conlleva una mayor libertad, ya que el conocimiento nos permite elegir entre un gran repertorio de opciones para ampliar nuestros horizontes. Una facultad humana es cuestionar lo que parece incontrovertible.

Concéntrate en tu propio proceso y ten en cuenta que puede llevarte meses o años completarlo. Si en el camino encuentras gente que se contagie de tu entusiasmo, genial, pero tu objetivo debe ser tu propia existencia, tu crecimiento personal y tu bienestar físico y espiritual. A todos nos molesta que nos digan que vivimos en un error o que traten de imponernos ideas distintas, así que no critiques a los demás por lo que comen, visten o por su manera de ver el mundo, aunque pienses que están del lado equivocado. No es raro que recibir una gran cantidad de información novedosa nos lleve a querer «alumbrar» a los demás, cuando los otros no siempre quieren ser «iluminados».

También te recomiendo que no te dejes intimidar por nuevas amistades veganas. Recuerdo que cuando empecé a frecuentar veganos, antes de recibirlos en casa me cercioraba de que no quedara al descubierto mi vida prevegana por un descuido: una lata de sardinas en la alacena era inmediatamente ocultada tras los cereales; las botas de piel se escondían tras mis botines nuevos de caucho; una mascada de seda quedaba relegada tras las bufandas de algodón... y ni hablar de los guantes de cuero. En fin, temía el juicio de la «policía vegana». La verdad era que cada habitación de mi departamento me delataba de algún modo. Incluso me deshice de un atrapa-sueños adornado con una pluma de ave. Por fortuna, pensaba, hacía tiempo que había vendido mi auto con asientos de piel. En fin, fue una etapa de aprendizaje un tanto delirante, pero las aguas turbulentas retomaron su cauce.

Vegano negociador

Antes no me atrevía a pedir comida vegetariana,
menos aún vegana,
porque eso significaba dar muchas explicaciones.
Ahora he encontrado la manera
de adaptar los platillos que ofrecen los restaurantes.
Francisco, arquitecto

La capacidad para negociar se obtiene con la interacción. Como resultado, se logra un equilibrio razonable de los beneficios y las cargas. Para alcanzar el acuerdo se requiere, por principio de cuentas, entender la realidad, saber cuál es el terreno que pisamos. El mundo no está diseñado para satisfacer las necesidades y requerimientos específicos de cada persona, y aun así hemos aprendido a interactuar para solventar problemas y lograr las cosas con lo disponible. Como en el ejemplo del asado, lo recomendable es encontrar tu propio sitio, ese en el que quieres estar y desde el cual puedes convivir con otros. Negociar es llegar a acuerdos entre posturas divergentes; no debemos olvidar que, entre el todo o nada hay un sinfín de posibilidades. Si dedicas un tiempo a la planeación de tus actividades te será más fácil hacer arreglos. Por ejemplo, si piensas viajar, avisa a la aerolínea el tipo de menú que requieres; investiga en qué zonas del lugar de destino es más fácil encontrar opciones alimenticias o de compras que puedas hacer. Cuando te inviten a casas de amigos coméntales desde antes que eres vegano. Así te prepararán algo especial o eliminarán de tu platillo los ingredientes de origen animal. Te aseguro que se sentirán bien al complacerte. No olvides que al no informarles sobre tus preferencias se podría presentar una situación un poco incómoda a la hora de comer. Es buena idea ofrecerte a llevar un alimento vegano que puedas compartir con todos. Lograr el equilibrio entre lo que buscamos y lo que las circunstancias ofrecen equivale a hacer una negociación exitosa, un arte que vale la pena practicar.

Vegano empoderado

> *Esta decisión es la más drástica que he tomado.*
> *Al hacerlo me di cuenta de que soy una persona*
> *con convicciones, y eso me ha dado ánimo*
> *para emprender otras cosas.*
> *Creo que al lograr esto puedo lograr lo que sea.*
> Beatriz, empresaria

El término «empoderamiento» es un anglicismo incómodo y hasta un tanto desagradable, pero describe una condición más que deseable. Partiendo del uso coloquial, se puede decir que «empoderar» significa adquirir la fuerza espiritual, social o de otros órdenes, para lograr cambios positivos; es desarrollar confianza en nosotros mismos para llevar a cabo una acción. Una persona informada tiene los argumentos que sustentan sus pensamientos y acciones y eso «empodera». Empoderarte, adquirir confianza en ti mismo, te permite actuar de la manera más conveniente según las circunstancias en que te encuentres.

Tu estilo de vida es una marca de personalidad que te dará autoestima. Al percibir esto con claridad sentirás que tienes una visión precisa de lo que quieres y de cómo lo quieres. Llegar a ello es sin duda un acto de voluntad y una demostración de la firmeza de tus convicciones. Para conseguirlo hay que conocer nuestras fortalezas y debilidades y usarlas a nuestro favor.

Autoestima es la palabra clave que está detrás del cambio. Considera que la determinación que has tomado es una muestra de tu firmeza y convicciones. Volverse vegano no es una decisión fácil. El hecho mismo de tomarla es señal de un carácter resuelto y valiente. Evalúate a la luz de esa realidad. Haz una lista de tus fortalezas y debilidades y procura explicarte por qué piensas así. Lo más probable es que más que fortalezas o debilidades estés frente a características de tu personalidad, que no son ni buenas ni malas en sí, sino elementos de carácter que puedes usar a tu favor. Ten confianza en ti mismo y piensa que estás al mando de tu vida en aspectos que son fundamentales. Y entre todos esos aspectos quizás el más importante es la alimentación.

Por lo general, a menos que tengamos una profesión o un interés particular, consumimos lo que está a nuestro alcance o dejamos que otros decidan lo que comemos, lo cual es natural en las primeras etapas de la vida, cuando dependemos casi por completo de nuestros padres. En cuanto comencé a pensar que los animales merecían un mejor destino que terminar en mi plato, me percaté de que había estado desperdiciando la oportunidad de tomar control sobre lo que ocurría en el interior y el exterior de mi cuerpo, sobre mis decisiones de compra, y más importante, sobre mis convicciones.

Vegano equilibrado

> *Desde hace veinte años no como carne,*
> *y hace seis intento no afectar con mis actos*
> *a la fauna como consumidor.*
> *Soy un vegetariano que busca ser vegano.*
> Gustavo, abogado

La armonía no es un estado permanente. Quizás este proceso de cambio que has iniciado te lleve a sentir impaciencia, pues querrás hacer un cambio radical en tu vida, encontrar la manera de alimentarte, vestirte y divertirte, todo simultáneamente. Sentirás que durante años te has perdido de algo importante y querrás recuperar tiempo. La nutrióloga Gabriela Jiménez asegura que «lo importante no es hacerte vegano, sino sostenerlo». Y así es: se trata de un anhelo, una aspiración, un camino, y no de un ocurrencia temporal. Un estilo de vida es, en cierto sentido, una búsqueda cotidiana, no una meta alcanzada. Conforme crece el número de veganos, este estilo de vida conquista nuevos territorios y empieza a figurar en la sociedad, en la alimentación, la moda, los espectáculos y en muchas otras áreas. Quienes te cuestionan, en el fondo se están cuestionando a sí mismos. No hagas caso de los cuestionamientos negativos. Mantén el buen humor y no olvides que un vegano es, por lo general, una persona positiva, apasionada. El veganismo es una propuesta de civilidad y pacifismo. Es posible cuestionarse y cuestionar a los demás sin descalificación de por medio. El equilibrio consiste en mantener un centro de gravedad entre tu mundo interno y el externo. Eso no significa que no encontrarás momentos de inestabilidad, pero estos no deben romper tu centro de gravedad.

¿Cuáles son las claves de esta hoja de ruta que decidimos seguir? ¿Hay algunas pistas que tal vez han pasado desapercibidas y que pueden ser útiles en el viaje que hemos emprendido? ¿Cómo inspirarnos al presentarse una situación complicada? Estás a punto de saberlo.

Capítulo 4
Claves del estilo vegano

Realmente nadie necesita un abrigo de mink...
excepto el mink.
Glenda Jackson

El veganismo abarca muchos aspectos. Es como un poliedro que nos muestra caras deslumbrantes, divertidas, alguna un poco opaca y rugosa pero siempre emocionante, y sobre todo, reveladora. A continuación encontrarás un panorama general que te acercará a este estilo de vida; una suerte de guía práctica con sugerencias que pretenden ayudarte en esa hoja de ruta que empezamos a trazar en el capítulo anterior. La intención central de este capítulo es facilitarte el día a día, no solo en lo referente a la alimentación, sino en muchos otros aspectos como el vestido, los cosméticos, el entretenimiento, los libros, etcétera. Comencemos por la identificación de los artículos veganos.

Certificación

Cada vez más productos exhiben en sus empaques sellos que indican las condiciones en que fueron obtenidos o procesados. Para facilitar esta comunicación se han creado logotipos que muestran gráficamente que la marca garantiza que su producción es ecológica, orgánica, reciclada o que ha sido sometida a control sanitario. Hablando de los artículos veganos, estos son los sellos internacionalmente reconocidos:

✿ **Vegan Society.** Lo emite esta organización luego de verificar que los productos no contienen ingredientes de origen animal en ninguna etapa de su desarrollo o fabricación. También es requisito que no hayan sido probados en animales por el fabricante o por un tercero contratado por este. Tratándose de los alimentos, para aspirar a este registro tienen que haber sido preparados aparte de los alimentos no veganos. Su logotipo está formado por la palabra *Vegan* y un girasol, no hay pierde. (https://www.vegansociety.com).

⚘ **Cruelty Free:** La Unión Británica por la Abolición de la Vivisección (BUAV), fundada en 1898, ha realizado campañas internacionales para detener la experimentación con animales. Este sello, que significa «libre de crueldad», es la garantía de que los productos que lo ostentan no fueron probados con animales. Su símbolo es un conejo que salta. (https://www.crueltyfreeinternational.org).

En México no es frecuente encontrar estos sellos. Están mucho más extendidos en Estados Unidos y la Unión Europea. De cualquier modo, al leer la etiqueta de los artículos podrás tener una información más precisa de lo que estás comprando y averiguar si contienen sustancias de origen animal. Diversas organizaciones educativas han elaborado listas de los ingredientes que están detrás de materias primas que el común de los consumidores suele desconocer. Como ejemplo, estos son algunos de los ingredientes que nos pueden ayudar a identificar el origen animal de la comida, los cosméticos y otros artículos:[39]

⚘ **Colágeno**. Proteína que está en la piel, cartílago y huesos de los animales, principalmente.

⚘ **Lanolina**. Derivada de la grasa de lana; se usa en cosméticos y medicamentos. Como opción están los aceites vegetales.

⚘ **Elastina**. Proteína que se toma de los tejidos conjuntivos de los animales.

---

[39] Fuentes: Drugs.com, http://www.drugs.com/
News Medical, http://www.news-medical.net/
PETA, http://www.peta.org/living/beauty/animal-ingredients-list/
http://www.peta.org/living/food/animal-ingredients-list-continued/

○ **Vitamina D3.** Puede provenir del aceite de hígado de pescado, de la leche o de las yemas de huevo. La vitamina D2, en cambio, proviene de fuentes vegetales.

○ **Ácido caprílico.** Sus derivados son: triglicérido caprílico, óxido de caprylamine o betaína cáprica. Proviene de la leche de cabra o de vaca. Lo encontramos en perfumes, jabones. Como alternativa están las fuentes vegetales, especialmente el aceite de coco.

○ **Proteína láctea.** Se usa en tratamientos para el cabello, mascarillas faciales. Las opciones son: proteína de soya, y en general de leches vegetales.

○ **Colesterol.** Está presente en todas las grasas y aceites de origen animal, en el tejido nervioso, la yema de huevo y en la sangre. Se emplea en cremas o productos para el cabello. La alternativa son los alcoholes complejos sólidos (esteroles) de origen vegetal.

○ **Cortisona o corticoesteroides.** Se trata de una hormona de las glándulas suprarrenales. Se usa en medicina. También existe un versión de origen sintético.

○ **Glicerina o glicerol.** Se obtiene de grasas animales y es utilizada en medicamentos, cosméticos, alimentos y artículos de higiene personal como enjuagues bucales, chicles, pasta de dientes, jabones o ungüentos. También se usa en los líquidos para la transmisión y los frenos de los automóviles. Existe glicerina vegetal y también una versión derivada del petróleo.

○ **Grenetina.** Se obtiene de huesos y pieles animales, principalmente del cerdo y la res. Es el ingrediente principal de las gelatinas por su efecto coagulante. Alternativa: agaragar, que se obtiene de las algas.

Hay muchos productos veganos que no cuentan con certificación, entre otras razones porque son elaborados de manera artesanal o por microempresas que ofrecen sus artículos a granel y no están registrados como marca. Lo importante es perseverar como consumidor y pedir información a los productores. En la medida en que lo hagamos las empresas encontrarán estímulos para dar a conocer con mayor transparencia sus procesos de fabricación y el origen de sus materias primas. De esta manera estaremos logrando una gran diferencia.

Cosméticos y artículos de higiene personal

Al preferir los productos veganos, tendrás como recompensa adicional el que, generalmente, las marcas que los ofrecen desarrollan un concepto de salud integral y respeto al medio ambiente. Por esto, no es raro que los productos veganos contengan ingredientes orgánicos, poco procesados o biodegradables. Enseguida te presento algunas marcas de cosméticos veganos muy recomendables , y de paso, algunos consejos de belleza que permiten sacarle el máximo provecho a los artículos que ofrecen estas compañías. Si no los encuentras en tu ciudad, casi todos se pueden ordenar por internet a costos accesibles.

- ☼ **Vitbelle.** Es el primer *smart e-commerce* en México, según señala su página, especializado en la venta de productos de belleza y cuidado personal veganos, minerales u orgánicos. La iniciativa surgió en 2015 debido a la preocupación de sus creadores al descubrir que muchas compañías utilizaban el argumento de la ecología o el veganismo para atraer compradores, sin estar comprometidos verdaderamente con el movimiento (práctica conocida con el nombre de *greenwashing*).
- ☼ **Ere Perez.** Se define como una marca de cosméticos libres de tóxicos y de crueldad animal; la mayoría son veganos. Esta compañía tiene puntos de venta en muchos sitios de México, además de una tienda *online*. Su catálogo contiene cerca de 60 productos, entre bases de maquillaje, rubor, sombras y barras de labios. Emplea como materias primas la caléndula, el arroz, el aceite de oliva,

la cera de candelilla, manteca de cacao, aceite de aguacate y aceite de semilla de uva. Sus texturas son suaves, cremosas y ligeras.

○ **Vegan Essentials.** Ofrece una gran diversidad de artículos para el cuidado personal, como protector solar de aceite de cáñamo, jabones de glicerina o de aceite de oliva, champú y acondicionadores con esencias de frutas, bálsamos que se pueden usar en piel delicada o que ha sido sometida a un tatuaje, gel y espray para el cabello, cosméticos y maquillajes, así como tratamientos de limpieza y cuidado para la piel.

○ **Alchimie Forever.** Su lema es: «Verse bien es sentirse bien y hacer el bien». Fue fundada por los doctores Luigi y Barbara Polla, dermatólogo e investigadora biomédica, respectivamente. En su línea para el cuidado de la piel encontrarás cremas nutritivas y relajantes para todos los tipos de piel y edades, para dama y caballero. Por ejemplo, el gel para el contorno de ojos que pone atención en el área más delicada de tu rostro, mascarillas humectantes, exfoliantes y suero que dará luminosidad a tu piel. De igual modo, ofrece alternativas para problemas específicos como acné o manchas.

Enseguida te presento una selección de compañías, ya sean completamente veganas o que ofrecen líneas de productos veganos, así como algunas sugerencias para sacarles mayor provecho.

Lo primero es lograr una piel perfecta. Los cosméticos e.l.f. tienen la base de maquillaje, rubor, correctores y polvos para dar contorno a tu rostro, mientras que Obsessive Compulsive Cosmetics, una compañía completamente vegana, ofrece una decena de tonos de base que te permitirán encontrar el que se adapte mejor a tu tez, así como un polvo sellador para fijarlo y que dure todo el día.

Para la escuela o el trabajo seguramente prefieres verte natural. Milani es una excelente opción de sombras durante el día. Para un *look* nocturno mezcla los brillos dorados o plateados con la profundidad de los azules y magentas de las líneas Designer Brows, Couture in Purples y Backstage Basics de estas marcas que son las que están identificadas como veganas. También encontrarás el lápiz de cejas que permitirá que tu mirada luzca bien definida. Las pestañas largas y espesas nunca pasan de moda; el rímel vegano de Pacifica Stellar Gaze viene en distintos colores. Si usas delineador de ojos, Ecco Bella propone en su línea vegana, FlowerColor, no nada más el clásico negro sino cocoa, *bronze*, *violet*, *velvet* y *royal blue*, que vienen en presentación de lápiz.

Para los labios, encontrarás irresistibles las barras de colores intensos de Carefree Beauty, que han atraído a estrellas como Lindsay Price, protagonista de *Lipstick Jungle*, por ser hipoalergénicos y utilizar ingredientes orgánicos y veganos certificados (entre ellos aloe vera, aceite de jojoba, vitamina E y extracto de uva). Por su parte, *Sparkie Lips*, de Valana Minerals, recomienda mezclar el *gloss* de sus tubos labiales con sombra de ojos de esa misma marca para lograr un tono completamente personal y un brillo de labios extraordinario.

Los utensilios con los que aplicamos el maquillaje son muy importantes, pues permiten usar los cosméticos en tu rostro con la precisión y delicadeza con la que se pinta un lienzo. Las brochas y pinceles generalmente se fabrican con pelo de jabalí, cerdo, ardilla, tejón o caballo, pero hay alternativas que, además de ser libres de crueldad, resultan más eficientes, higiénicas (al no ser tan porosas como las fibras de animales se limpian con facilidad), hipoalergénicas y mucho más durables, pues no se desgastan como el pelo animal. Se elaboran tanto con materiales sintéticos como naturales, entre ellos: bambú, algodón o plástico reciclado. Entre las marcas de pinceles y brochas veganas encontramos a Rituals, The Body Shop, Ecotools, Essence Cosmetics, Beauty Bon, Pure Arielle y ACEVIVI.

Las uñas son un punto focal de tu imagen; diviértete con los tonos vibrantes de Kuru. Otras líneas de barniz de uñas libres de crueldad animal, y que te ofrecen lo último de la moda son Wet'n Wild, Color Me Earth y Ella + Mila.

Además de estos ejemplos de productos veganos, tienes la posibilidad de elaborar parte de tus cosméticos con tecnologías domésticas. Aparte del consecuente ahorro tienen la ventaja de que tendrás mayor control sobre los ingredientes y podrás personalizarlos a tu gusto. Puedes preparar limpiadores de piel, tonificantes, mascarillas, colorantes y rímel completamente veganos, y, desde luego, sin conservadores. Si te gusta dedicar tiempo a tu bienestar y placer pon manos a la obra. Por ejemplo, es fácil y divertido seguir las recetas del blog *Peaceful Dumpling*, uno de mis preferidos. He aquí un par de ejemplos:

- ☼ **Exfoliante.** Se prepara con 4 cucharaditas de sal; 4 cucharaditas de aceite de jojoba; una cucharada de menta fresca; 5 gotas de esencia de menta y 2 gotas de esencia de toronja. Se mezcla todo y se guarda en un frasco. Podrás usarlo durante seis meses después de su preparación. Este exfoliante no le pide nada al que te ofrecen las marcas comerciales. También me gusta prepararlo con sales de Epsom o cáscara de nuez molida.
- ☼ **Polvo facial.** Prepáralo con 2 cucharadas de harina de arrurruz, (la encontrarás en tiendas de alimentos, se utiliza en talcos, cremas y en problemas de la piel, además de en la cocina); 2 cucharaditas de cocoa en polvo y 5 gotas de esencia de limón. Mezcla todo hasta encontrar el tono que más se adapte a tu tez. Puedes ponerlo en una polvera que ya no uses o en un recipiente plano para mayor comodidad.

Para ser un vegano fashionista

La diseñadora Stella McCartney dice que las pieles no son ni sexis ni están a la moda y mucho menos son *cool*.[40] Tal vez en el pasado no había más opciones que vestir y calzar prendas hechas

---

[40] *Fur is not sexy, it's not fashionable, it's not cool*, consultado en CNN, http://edition.cnn.com/2015/03/26/world/stella-mccartney-sustainable-fashion/

con pieles de animales, pero hoy las cosas son distintas. En cualquier sitio encuentras artículos y materiales que se adecuan al estilo vegano.

Un ejemplo de diseño con conciencia es la mexicana Sarah Bustani, considerada por la revista *Vogue* como una de los diez diseñadores más importantes de América Latina. Su marca está en los principales centros comerciales del país. Tiene el atractivo de que no utiliza materiales de origen animal en ninguna etapa de su producción. Le pregunté cómo había llegado a este planteamiento y esta fue su respuesta: «Desde que definimos cuál era nuestra misión y nuestra visión, decidimos que fuera una empresa socialmente responsable y ecológicamente amigable, y eso incluye no utilizar pieles de animales ni en la ropa que fabricamos ni en nuestra colección de bolsas». Para sustituir la piel usa textiles sintéticos o de fibras vegetales, con un aspecto tan similar a los materiales de origen animal que difícilmente podrás distinguir uno de otro.

Sarah Bustani me comentó las posibilidades de los nuevos materiales con los que cuentan los diseñadores: «Usando el láser se les da diferentes texturas, y para mi gusto las prendas resultan más cómodas, ligeras y suaves, por lo que no te sientes atrapada». Los desarrollos tecnológicos en la rama textil han permitido reemplazar la seda por fibras que tienen una textura y apariencia similares, con la ventaja adicional de que se arrugan menos y tiene firmeza en el color y en los estampados. Se les conoce como «poli-seda» o «tacto-seda».

Ahora hablaremos de algunas marcas que, sin ser completamente veganas, ofrecen opciones que sustituyen la piel de animales.

Philosophy Republic Clothing tiene chamarras estilo militar (verde caqui) con aplicaciones y forro de piel sintética. En Zara Woman compré un suntuoso abrigo «de piel» que cuelga en mi armario —si no hubiera verificado la etiqueta, juraría que es de conejo, en realidad fue fabricado con poliéster y acrílico—. Otro de mis abrigos preferidos es el fabricado por Liz Claiborne, de ante color camello.

Si tu presupuesto te permite acceder a la alta costura, hay casas (que tampoco son propiamente veganas) que ofrecen líneas alucinantes en las que no se emplean materiales de origen animal. Prada tiene una versión de algunos de sus clásicos elaborados con pieles sintéticas. Si nos referimos a Chanel, el diseñador Karl Lagerfeld marcó una nueva era luego de confeccionar calzado, bolsas y prendas de vestir con piel de imitación, y se permitió asegurar que estábamos frente al triunfo de la piel falsa, no de la moda falsa. En 2015 Anna Sui presentó una colección deslumbrante de botas de *crochet* con aplicaciones de piel vegana, además de abrigos y gabardinas con toque *vintage* y nórdico. Todo un lujo.

Algunas marcas no tan conocidas a las que vale la pena acercarse por su filosofía y sus deslumbrantes propuestas son Vaute, fundada por Leanne Mai-ly Hilgart, quien ha trabajado en crear conciencia sobre temas como la vivisección en la industria de las pieles y las granjas ganaderas. A los 12 años logró un acuerdo con una empresa fabricante de camisetas para la elaboración de prendas con el lema *Being Cruel isn't Cool* (Ser cruel no está de moda). Presentó con gran éxito su marca en la Semana de la Moda de Nueva York. Una visita a su página te dejará boquiabierto.

Matt & Nat surgió en Montreal y ofrece la posibilidad de comprar en línea. Sus carteras, bolsas, cinturones y calzado, para dama y caballero, resultan difíciles de resistir. Entre sus colecciones encontramos estilos *vintage*, clásico y vanguardista, con materiales entre los que se encuentran el PVC, corcho y caucho reciclados, un concepto que tiene como base el eslogan *Live beautifully.*

Las pieles de zorro, de oso o chinchilla han sido símbolo de elegancia y estatus. Estrellas de la era dorada de Hollywood usaron espectaculares abrigos y estolas, tanto dentro como fuera del *set*. Millones de mujeres deseaban lucir como ellas, y aunque la era de las grandes divas terminó, las pieles siguen representando estatus. Antes las imitaciones parecían simples peluches y no tenían una textura agradable, pero en la actualidad uno puede olvidarse de esos desagradables textiles. De hecho, la experta en moda, Marjorie Harvey, dice en su muy visitado blog The Lady Loves Couture, que «Consideraciones morales aparte, nadie puede negar que la piel falsa es una de las maneras más lujosas para mantenerse abrigado con mucho estilo durante el invierno». Entre las compañías que se definen como veganas y que ofrecen imitaciones de estas codiciadas pieles con diseños que ni la naturaleza habría imaginado están: Donna Salyers' Fabulous Furs y SpiritHoods. Recientemente, Josh Staterman, vicepresidente de moda y director de Milennials, de la tienda Macy's, afirmó que la piel falsa forma parte de la nueva evolución de la moda.

Una marca a la que vale la pena acercarse es Vegan Boots, fabricadas en la capital mexicana del calzado, León, Guanajuato. Inició como una pequeña empresa en 2003 y ahora las botas se distribuyen en gran parte de la república. Este calzado tipo Dr. Martens se fabrica de manera semiartesanal y viene en diversos colores y estampados *animal print, camuflage,* floral o en colores sólidos, en lona, satín con encaje, imitación piel y charol. Hasta hace muy poco uno de los comentarios más frecuentes entre los veganos era que no había opciones de calzado formal. La compañía Moo Shoes tiene una página de Internet desde la que distribuye diversas marcas, todas veganas, con los más altos estándares de la moda en calzado para caballero.

Otra prenda masculina de la que también hay opciones veganas son las corbatas, generalmente fabricadas con seda o lana. Anteriormente, cualquier otro material utilizado en una corbata se consideraba de dudosa calidad y resultaba hasta penoso usarla. Por ello, Jaan J. se ha dado a la tarea de confeccionar lujosas corbatas con diseños clásicos o vanguardistas en algodón tratado con distintas técnicas. Su textura y apariencia son soberbias. Se pueden ordenar vía Internet.

Diversión con estilo vegano

Hay formas de entretenimiento que te permiten estar en contacto con animales de una manera respetuosa. Empecemos por los safaris fotográficos, en tierra y mar, no solo en África, sino en todo el mundo. Los siguiente son algunos ejemplos.

- ☼ **Reserva de la biósfera de los Tuxtlas.** En esta región de Veracruz surgió una iniciativa de turismo responsable que propone actividades como el avistamiento de aves y de otros animales endémicos, el senderismo y el nado en río. Te puedes alojar en campamentos, cabañas o con las familias locales, lo que hace que la experiencia resulte singular.
- ☼ **Sierra de Maratines.** Esta sierra tamaulipeca ofrece campamentos para observar y fotografiar animales de la sierra y la llanura.
- ☼ **Reserva de la biósfera El Triunfo.** Ubicada en la Sierra Madre de Chiapas, tiene entre sus actividades turísticas safaris fotográficos en los bosques de niebla, donde habitan el quetzal, el pavón cornudo, la tángara celeste, el tapir y el puma.

Otra alternativa que no requiere salir de las ciudades es la fotografía urbana. Te sorprenderá descubrir la manera en que se abren paso los animales silvestres en un medio que supuestamente los deja fuera de la ecuación. La Conabio (Comisión Nacional para el Uso y Conocimiento de la Biodiversidad de México) lleva a cabo concursos de fotografía de la naturaleza en los que se incluyen cacerías fotográficas urbanas. Hay iniciativas similares en muchos otros países.

Si planeas salir de viaje visita la página de Veggie Hotels, cadena hotelera con presencia en 60 países en los que, además de suculentos platillos, se desarrollan actividades respetuosas con el medio ambiente como senderismo, ciclismo, clases de yoga, tai chi y escalada.

También puedes observar animales sin salir de casa gracias a los documentales. Hay infinidad de películas que nos muestran especies en condiciones a las que nunca tendríamos acceso. Entre muchas, te hago las siguientes recomendaciones.

Las series dirigidas por David Attenborough, *Madagascar*, que exhibe paisajes inimaginables donde habitan animales como el lémur coronado; *Life on Earth*, que presenta un recorrido desde el surgimiento de la vida hasta la aparición del hombre, y *África*, que muestra las especies silvestres del continente y aborda el cambio climático, el crecimiento poblacional y su impacto en la vida animal.

Dos cintas igualmente imprescindibles son *Le peuple migrateur (Nómadas del viento)*, en la que más que espectador serás parte de la bandada que sobrevuela mares y selvas de 40 países. Si has visto los documentales de Jacques Cousteau, espera a ver *Oceans*, un filme que te hará pensar de una manera distinta sobre las tres cuartas partes de nuestro planeta.

Si sientes simpatía por los pingüinos, hay dos filmes que te harán enamorarte de estas elegantes aves: *Encounters at the End of the World (Encuentros en el fin del mundo)*, de Werner Herzog, y *La marche de l'empereur (El viaje del emperador)*, de Luc Jacquet, que describen la epopeya migratoria de los pingüinos en los confines de la tierra.

Estas películas, entre muchas otras, nos muestran escenas conmovedoras de la vida animal. No obstante, si lo que te interesa es acercarte a filmes que generen conciencia, te propongo tres documentales: *Earthlings*, narrada por Joaquin Phoenix y con música de Moby revela la vida de los animales utilizados por el ser humano en el entretenimiento, la experimentación, la alimentación, la industria peletera y como mascotas. *Food Inc.* expone los sistemas de producción de alimentos a gran escala y sus efectos en la salud, el medio ambiente y la vida de los animales. *Blackfish* cuestiona la captura de animales para ser entrenados en espectáculos marinos, a partir de un sonado episodio en el que una entrenadora de orcas perdió la vida luego de las heridas que le provocó el ataque de una de ellas. Estas producciones han hecho que más de uno mire de una manera distinta a los animales.

Si hablamos de música te sorprenderá saber que hay plataformas y festivales que compendian música con mensajes o reflexiones veganas. Entre las bandas de *hard rock* más interesantes por su música y por la teatralidad de sus presentaciones están

Black Veil Brides, Asking Alexandria, Falling in Reverse y Sleeping with Sirens. Si prefieres el rock alternativo, seguramente conoces a Morrisey. Lo que quizá no sepas de él es que es un vocero a favor de la vida animal y que en su música y presentaciones incluye ese mensaje. En el *track list* de los fanáticos del *beat* electrónico no puede faltar la música de Moby. Este DJ, nieto de Herman Melville (el autor de *Moby Dick*), incursionó en el rock con un disco llamado, precisamente, *Animal Rights*. Un fenómeno interesante es el surgimiento de festivales de «música vegana». En la Ciudad de México se realizó, en 2016, el primer Vegan Music Fest en donde se presentaron propuestas en diversos géneros, entre ellas el punk, quizás el género más vinculado con el veganismo.

En el terreno de las artes visuales varios creadores trabajan a partir de ideas vinculadas con la vida animal, o directamente con el veganismo. Las esculturas de Alejandra Zermeño cuestionan sutilmente el uso de animales y la sobreexplotación de la naturaleza. Jacqueline Traide, artista del *performance*, provocó un *shock* en los espectadores al someterse a los mismos tratos que un animal de laboratorio. Durante diez horas permaneció en la vitrina de una sucursal de la tienda de cosméticos Lush en Londres. El artista urbano Banksy arrancó miradas de desconcierto, llanto y risas con una escultura móvil consistente en un camión que transportaba cerdos que lloraban en su camino al matadero. Solo que estos animales eran de peluche.

Hay un sinnúmero de fotógrafos interesantes. De ellos hablo sobre dos que han desarrollado su trabajo en México. Jorge Vargas, originario de Ecuador, ha capturado con su lente imágenes de perros desde hace diez años; busca atrapar, si esto es posible, la profundidad del alma de los animales. Dice sobre su intención: «Hay un drama incluso en la relación afectuosa y positiva de los seres humanos con los perros. Hay una complejidad que a veces se puede expresar fotográficamente». Por su parte, Elideth Fernández nos muestra situaciones extremas para los animales que son nuestro pan de cada día. Se acerca a animales en lo individual, un cerdo, un caballo, una gallina, un mono, una cabra, y atrapa la inutilidad de su dolor. Su obra ha sido calificada de foto-activismo, un género que bien podría ser utilizado por grupos comunitarios, espacios educativos y culturales, como un manifestación artística y documental orientada a la defensa de los animales.

Tenencia responsable de animales

Ser vegano no significa que tengas o debas tener un animal de compañía, así como tampoco es necesario tener un animal de compañía para ser vegano. No utilizo la palabra mascota (del francés *mascotte*, que significa talismán) porque tiene una connotación de propiedad, y sugiere que un animal es simplemente un objeto decorativo o de buena suerte.

Si acaso decides tener un animal de compañía, la retribución es incalculable. La presencia de un animal de compañía en una familia contribuye a reforzar la unión y el amor entre sus integrantes. Hay una gran cantidad de libros y artículos dedicados al cuidado de animales de compañía, por lo que únicamente compartiré aquí algunos datos básicos sobre el tema.

¿Cuál es la mejor manera de adoptar?

Centro de adopciones. De preferencia elige un refugio que tenga instalaciones pulcras y que cuente con información suficiente para conocer la procedencia del animal. Por lo regular, los centros de adopciones entregan a los perros o gatos vacunados, desparasitados y esterilizados.

Adopción virtual. Tal vez no tengas las condiciones apropiadas para hacerte cargo de un animal, pero si deseas contribuir a su bienestar, puedes apadrinarlo a distancia. Y no nada más hablamos de perros o gatos, sino animales silvestres o ejemplares rescatados de granjas o del trabajo en el transporte y que ahora viven en refugios. Entre otros, podemos mencionar los siguientes: Donkey Sanctuary (cuya sede principal está en Gran Bretaña, con representación en México); Milagros caninos, responsable de la recuperación de perros en circunstancias de maltrato o enfermedad, y la Protectora Nacional de Animales, una organización que tiene un sistema de fondeo que permite financiar operaciones o tratamientos médicos de perros.

Si lo que quieres es convivir con un animal, hay cientos de albergues en los que seguramente encontrarás un gran amigo. Estos son algunos de los que conozco. Puedo asegurar que se trata de lugares serios donde se trata con respeto y afecto a los animales. En ellos, los posibles adoptantes encontrarán información confiable sobre los adoptados: Fundación Tomy, dirigida por María Lucía Campero; Properro, que preside Antemio Maya, y Cambia un Destino Centro de Adopciones, AC, a cargo de Víctor Hugo Meré. Estos centros procuran el bienestar de los animales en tanto encuentran un hogar. Su labor no termina en la adopción sino que dan seguimiento al proceso de reintegración familiar de los perros.

Quienes prefieren un compañero felino, pueden adoptarlo en El Gato Vago, fundado por Nancy Villar, y en Gato Gazzu, de Helena Zulbarán. Los animales se entregan sanos y vacunados. Los posibles adoptantes son informados de los gastos y responsabilidad que conlleva la adopción.

A manera de resumen, te presento algunas palabras clave para tener la mejor relación con tu animal de compañía.

⚛ **Elección.** Todos los refugios que he mencionado cuentan con páginas web y cuentas en redes sociales. Antes de visitarlos puedes ver fotografías de los animales y conocer algunas de sus características. Una preselección facilita el recorrido por los refugios. El espacio con que se cuenta en casa, el tiempo del que se dispone para dedicarle al animal, los integrantes y dinámica familiar (si hay niños, adultos mayores, profesionistas), son elementos indispensables para realizar la elección. Es importante que todos los miembros de la familia se involucren en la decisión y dediquen tiempo al proceso de adaptación de este nuevo integrante.

✧ **Cuidado.** Establece una rutina diaria y procura no modificarla. De este modo, tu animal de compañía verá satisfechas sus expectativas y podrás organizar tu día sin mayores cambios. Debes estar preparado para una relación de largo plazo que incluye visitas al veterinario, vacunas, cepillados, baños y demás.

✧ **Educación.** Deja que su instinto se manifieste y no trates de modificar su conducta excepto en aquellos aspectos que dificulten la convivencia. Lo principal es ofrecerle al perro el tiempo necesario para que pueda aprender acerca de los hábitos, los horarios y las áreas en donde se le va a permitir transitar. Un animal educado será siempre aceptado.

✧ **Entorno.** Proporciónale espacios adecuados para el descanso y para que pueda explorar y jugar. En sitios públicos hay que entender que no todo el mundo acepta que un perro lo olfatee. No le impongas la presencia de tu animal de compañía a otras personas. Si paseas con tu perro, hazlo en sitios designados para ello. También puedes visitar restaurantes en los que los animales sean bienvenidos. En México se han abierto los primeros Cat Café, donde los felinos son la principal atracción.

✧ **Esterilización.** A muchas personas les angustia la posibilidad de esterilizar (castrar) a su animal de compañía. Sin embargo, en el contexto actual lo más recomendable es evitar la reproducción de perros y gatos, aun si piensas darlos en adopción a familias responsables. La realidad es que, por desgracia, un gran porcentaje irá a parar a las calles por abandono.

✧ **Expectativas.** Muchos animales son abandonados por no cumplir con las expectativas de sus propietarios. Considera que la convivencia es un proceso de mutuo aprendizaje y descubrimiento. Aprecia lo que tu nuevo amigo te da y comprende que también los animales padecen situaciones psicológicas similares a las de los seres humanos como miedo, depresión o ansiedad. Acude con un etólogo para conocer a qué se debe una conducta determinada.

✿ **Apego.** El apego es una relación bilateral. Lo primero que habría que tener claro es que, por más afecto que tengas por tu perro o gato, no deja de ser un animal y su naturaleza debe ser respetada. En tiempos recientes se ha detectado una tendencia social conocida como el tener «perrhijos». Consiste en humanizar a los animales de compañía. Esto genera síndrome de ansiedad por separación, sobre todo en los perros, y provoca una dependencia nociva en ambas partes.

✿ **Amor.** Es la razón más importante para tener un animal de compañía. Prepárate para dar y recibir mucho cariño y ternura. Un animal de compañía es justamente eso, por lo que su sitio no es una azotea ni un baño. Intégralo a tu ámbito social y a tu hogar. Tu vida se enriquecerá como no imaginas.

Planeta vegano

Cada vez son más las personas que participan activamente en la difusión del veganismo. Actores, escritores, cineastas, pintores, periodistas y líderes de opinión son inspiración para quienes buscan un estilo de vida vegano.

Empiezo por las celebridades.

Una de las figuras más influyentes en el veganismo es Paul McCartney. El mundialmente aclamado integrante de Los Beatles se hizo vegetariano en 1975 tras observar a unos corderos pastando mientras comía un platillo de carne de cordero. A partir de ese momento inició, junto con su esposa Linda, una labor como defensor de los animales y promotor de un estilo de vida libre de crueldad. Entre las iniciativas que ha promovido está «Lunes sin carne», así como la marca Linda McCartney Foods.

El actor Joaquin Phoenix se hizo vegano a los tres años de edad, durante un paseo de pesca con su familia al ver cómo se sofocaba un pez fuera del agua. Phoenix recuerda que cuando era niño ser vegano era una rareza: «La gente pensaba que los veganos pertenecían a un culto y tenían rituales extraños, que había ciertas reglas y que nos teníamos que vestir de determinada manera, por ejemplo. Lo que hay que decir es que es una alternativa».

Natalie Portman es otra vegana famosa. Aunque el veganismo no nos garantiza tener su belleza o éxito, es una magnífica fuente de inspiración. La actriz ha declarado que mediante la comida expresamos nuestras creencias frente a los otros, por lo que hay que poner atención a las historias que queremos contarle a nuestros hijos en relación con nuestra manera de alimentarnos.

El director de cine James Cameron, quien durante años ha sido un defensor del medio ambiente, cree firmemente que este estilo de vida reduce la huella de carbón y que es una de las soluciones para afrontar el cambio climático.

La actriz Alicia Silverstone cambió su dieta omnívora por el veganismo, con lo que combatió el acné, el insomnio y el asma.

La también actriz Alyssa Milano encontró en el vegetarianismo una nueva forma de manifestar su amor por los animales y un estilo de vida tan saludable que ha escrito un libro sobre ello: *Let Vegetarianism Grow on You.*

La cantante y actriz Ariana Grande ha hecho que muchos jóvenes se acerquen al veganismo. La intérprete, antes fanática del salmón y las carnes rojas, ha manifestado que superó la hipoglucemia mediante una dieta vegana que aporta la glucosa que requiere su cuerpo.

Tobey McGuire, Anne Hathaway, Forrest Withaker y Jared Letto también promueven este estilo de vida.

El expresidente de Estados Unidos, Bill Clinton, es un promotor de la dieta vegana. En diversos medios ha afirmado que no estaría vivo si no hubiera cambiado su alimentación. Dice hacer una excepción en el caso del salmón orgánico una vez a la semana.

Uno de los mayores promotores del veganismo en el mundo de habla hispana es Marco Antonio Regil, conocido conductor de televisión. Regil explica en su página personal que decidió adoptar el estilo de vida vegano luego de ver el video *Glass Walls* narrado por Paul McCartney: «Para mi bastó verlo una vez para decidir que no sería parte de esta cadena de crueldad». La recompensa física no se hizo esperar. Regil asegura que gracias a su dieta puede filmar por horas y horas sin perder la energía.

Rubén Albarrán, el cantante de la banda Café Tacuba, me comentó: «Yo empecé a los 14 o 15 años, cuando vi un documental sobre los rastros en México. Me impactó la crueldad con la que matan a los animales y a partir de entonces comencé a dejar el cerdo, la res, el pollo, el pescado, los mariscos».

La actriz Aislinn Derbez me habló del interés por los animales que siempre ha mostrado su familia, particularmente su padre, el popular comediante y director de cine Eugenio Derbez, un defensor y rescatista de animales. Aislinn recordó que su pasión por los animales creció cuando tuvo sus propios perros. Luego su interés se extendió hacia los animales en circos, zoológicos, corridas de toros, peleas de gallos y demás. Dejar de comer animales fue una decisión difícil de la que se siente satisfecha y, según afirma, le ha traído notables beneficios a la salud.

Ahora mencionaré a algunos autores que se han preocupado por difundir el respeto a la vida animal o el veganismo en sus libros.

Jonathan Safran Foer. El novelista estadounidense publicó, en 2012, *Comer animales*. El libro ofrece un relato emocionante que nos muestra, en primera persona, los debates respecto a la alimentación que se plantea un joven escritor próximo a tener su primer hijo. Foer se pregunta cuál deberá ser la filosofía de vida y dieta con la que educarán y alimentarán a su hijo. Rescato este fragmento del libro:

> Decidir qué comemos supone el acto fundamental de producción y consumo que moldea todos los demás. Una de las mayores oportunidades de vivir según nuestros valores, o traicionarlos, radica en la comida que servimos en nuestros platos. Y traicionaremos o viviremos de acuerdo con esos valores no solo como individuos sino como naciones.[41]

---

[41] Jonathan Safran Foer. *Comer animales*. Barcelona, Seix Barral, 2011.

Otra piedra de toque en el pensamiento vegano es Melanie Joy, doctora en psicología social y autora de *Por qué amamos a los perros, nos comemos a los cerdos y nos vestimos con las vacas*. Ella da nombre a la práctica de alimentarse con animales: «carnismo», un sistema de creencias opresivo y cruel que nos hace pensar que ciertos animales son dignos de ser respetados y protegidos mientras que otros no merecen consideración alguna. En un encuentro me explicó: «El carnismo no nos permite ver ni sentir el daño que les causamos a animales que hemos clasificado como comestibles, mientras que sí nos preocupamos por el bienestar de otros, como los perros y los gatos, a quienes consideramos cercanos al ser humano».

El escritor y periodista francés Franz-Olivier Giesbert, publicó *L'animal est une personne: Pour nos soeurs et frères les bêtes*, donde destaca la empatía, capacidades emocionales, inteligencia y lo que podemos llamar la «personalidad» de los animales, no como especie sino como seres únicos e individuales. Señala que la «animalofobia» en que vivimos es fruto de la ignorancia y de la vanidad: un absurdo que no tiene futuro, pues el hombre fue hecho para el mundo y no el mundo para el hombre. Propone descender de nuestro pedestal y reencontrarnos con esas criaturas a las que llama «nuestros hermanos».[42]

Otros pensadores que promueven el respeto por la vida animal desde diversos puntos de vista, en algunos casos mediante el veganismo, son el filósofo Jesús Mosterín, el jurista Pablo de Lora y la médico especialista en biología molecular y criminóloga Núria Querol i Viñas, los tres españoles. También debemos mencionar al activista argentino radicado en Barcelona, Leonardo Anselmi, y al filósofo mexicano Alejandro Herrera.

---

[42] Franz-Olivier Giesbert, *L'animal est une personne: Pour nos soeurs et frères les bêtes*. Saint-Amand-Montrond, Francia, Librairie Arthème Fayard, 2014.

Capítulo 5
La alimentación vegana

Comer es la manera de proclamar
tus creencias tres veces al día.
Natalie Portman

Hemos escuchado muchas veces que somos lo que comemos. Puede parecernos que solo se trata de una frase, pero imaginemos que nuestro organismo es como un gran campo en el que se libra día a día la batalla por la vida y el bienestar. Nuestras células son obreras que trabajan permanentemente para mantener las funciones de nuestros órganos y tejidos. El sistema inmunológico es un escuadrón de guerreros implacables contra las amenazas del exterior o las rebeliones internas. Nuestras arterias y venas son las vías por las que circula la sangre para llevar y traer nutrimentos donde se necesiten. Estamos ante una maquinaria que necesita combustible para poder funcionar y ese combustible son los alimentos. Sabemos que la genética y el medio ambiente determinan en buena medida nuestras características físicas, pero tenemos que hacer nuestra parte. Como mínimo, nuestro cuerpo merece el mejor alimento.

En principio, el veganismo es un *Proceso-de-Vida*. Si no lo entendemos así, existirán muchas probabilidades de que abandonemos nuestro objetivo. Si pretendemos ser veganos por seguir una moda, por bajar de peso o por cualquier otra razón semejante, no solamente estaremos poniendo en riesgo nuestra decisión, sino incluso nuestra salud. Conozco a muchas personas que se hicieron veganas por razones parecidas a las mencionadas y terminaron por desistir. Para tener éxito en nuestro propósito es necesario procurar una adaptación fisiológica, además de psicológica y social.

¿Una alimentación ética?

Antes de entrar de lleno en el tema de la alimentación, te propongo reflexionar sobre la propuesta de los defensores del medio ambiente y el respeto a la vida animal, Jim Mason y Peter Singer. Según ellos, hay cinco cuestiones básicas que deberíamos considerar al tomar decisiones relacionadas con nuestra alimentación. Dado que en países como México con frecuencia encontramos información escasa sobre los productos que adquirimos, esta tarea puede parecer complicada. En este contexto, las propuestas de Mason y Singer son un punto de referencia para estar atentos en el momento de adquirir alimentos y otros productos.

Estas son las recomendaciones de Mason y Singer.

1. **Transparencia.** Tenemos derecho de saber cómo se producen nuestros alimentos, qué ocurre al interior de la industria alimenticia o en los rastros. Este conocimiento es una salvaguarda contra las malas prácticas y a favor de nuestra salud.
2. **Equidad.** Los consumidores deben exigir que el precio de los alimentos refleje su verdadero costo de producción y sea ambientalmente sustentable.
3. **Bienestar animal.** Aun quienes no forman parte de movimientos de defensa animal, admiten que debería evitarse el dolor y la angustia a los animales destinados al consumo.
4. **Responsabilidad social.** Los trabajadores de la industria de alimentos deben tener las condiciones laborales y salariales apropiadas.
5. **Necesidad.** En ocasiones no se tienen alternativas alimenticias así que hay que comer lo que se puede o lo que está al alcance. La necesidad justifica no considerar cualquier razón de las mencionadas, pero cuando comemos algo exclusivamente por gusto, sin considerar otras opciones

pudiendo hacerlo, no actuamos con ética, dicen Singer y Mason en su libro *Ética en la mesa.*[43]

Yo matizaría este último punto acudiendo al sentido común para tomar decisiones sobre nuestra alimentación. Debemos estar en las mejores condiciones físicas para realizar cualquier propósito que tengamos en la vida. Si alguna circunstancia médica nos impide tomar en cuenta los criterios a que se refieren Singer y Manson, hay que actuar como nos lo indique nuestro organismo, es decir, considerando que nuestra salud es prioritaria. Al final del día se trata de comportarnos con generosidad, con conciencia.

Efectos de los productos de origen animal en la salud

Por comodidad o por costumbre hemos preferido solucionar nuestra necesidad de consumir proteínas con alimentos de origen animal. Generalmente, se considera que los alimentos vegetales son complementarios en nuestra dieta, jugando el papel de guarniciones que acompañan la comida de origen animal sin ser el centro, el alma de los platillos. El plato principal casi siempre consiste en pollo, carne, pescado, res, cerdo, huevos y lácteos. Hemos crecido con la idea de que comer carne es sinónimo de salud, pero este paradigma no es el único y, según indican diversos estudios, tampoco es el más saludable. La carne, los huevos, los lácteos y otros derivados de origen animal, efectivamente proporcionan nutrimentos como las proteínas, pero también representan un riesgo para la salud. Estudios recientes de la Organización Mundial de la Salud,[44] concluyeron que la carne

---

[43] Peter Singer, Jim Mason. *L'éthique à table. Pourquoi nos choix alimentaires importent.* París, Ed. L'Âge d'Homme, 2015.

[44] En octubre de 2015, 22 científicos de diez países se reunieron en la Agencia Internacional para la Investigación del Cáncer, en Lyon, Francia. La reunión tuvo como objetivo evaluar la carcinogénesis del consumo de carne roja y carne procesada. Los hallazgos fueron publicados en el volumen 114 de las

roja (vaca, cerdo, cordero y cabra) es probablemente carcinógena. Más riesgo de desarrollar cáncer generan los embutidos, que forman parte frecuente de la dieta del mexicano.

Por fortuna, en los vegetales podemos encontrar una alimentación de calidad evitando el colesterol y las grasas saturadas que contienen los alimentos de origen animal. Además, proporcionan a nuestro organismo la fibra indispensable para su funcionamiento. Enseguida te presento parte de una entrevista que realicé a Erick Estrada, biólogo de la Facultad de Ciencias de la UNAM, doctor en Antropología, profesor-investigador de Fitotecnia de la Universidad Autónoma de Chapingo y consejero de la Secretaría de Salud desde 2002. El doctor Estrada es un promotor de la alimentación basada en vegetales y ha estudiado durante décadas los efectos del consumo de productos de origen animal.

—Doctor: hay muchos nutriólogos que dicen que la carne y la leche son indispensables por contener proteínas y otros nutrimentos como el calcio. ¿Es así?

—Eso es totalmente falso, promovido por la industria de la leche y la industria ganadera. Por ejemplo, conviene que el público conozca algo sobre el contenido de calcio de los alimentos. Cien mililitros de leche tienen 119 miligramos de calcio; 100 gramos de ajonjolí tienen 923 miligramos de calcio. ¡900 contra 119! Una cucharadita cafetera de ajonjolí tiene más calcio que un vaso de leche. La leche, si nada más tuviera calcio sería benéfica para los niños, pero resulta que va acompañada de grasa y el resultado de su consumo se llama arteriosclerosis, lo que significa endurecimiento de venas, arterias, articulaciones. La leche de vaca contiene grasa necesaria para becerros, no para los humanos. Un becerro crecerá hasta tener 500 kilos de peso, mientras que un ser humano debe pesar bastante menos.

—Usted, que se ha manifestado en diversos foros por un cambio en el actual modelo alimentario de México, ¿puede decirme

Monografías de la Agencia Internacional para la investigación del Cáncer. Consultado en septiembre de 2016, en: http://www.thelancet.com/journals/lanonc/article/PIIS1470-2045(15)00444-1/fulltext

cuál es el resultado del aumento en el consumo de carne y derivados animales en nuestra alimentación?

—A mí me tocó de niño comer carne una vez a la semana, hace 50 años. El hábito de comer carne diariamente es de los últimos 30 años. Conocí los embutidos en la secundaria, nadie los comía en la provincia; eso era una costumbre de citadinos. Estas tradiciones alimenticias tienen entre 30 y 40 años. Antes, la gente moría principalmente por infecciones gastrointestinales, diarrea, problemas respiratorios, pero cuando comenzamos a comer carne todos los días las personas empezaron a fallecer de hipertensión, embolias, infartos cerebrales, todos estos problemas asociados con comer carne. El Instituto Nacional de Salud Pública nos dice que 80 por ciento de la población tiene depósitos grasos en las arterias ¡80 por ciento! Esa grasa es de origen animal, principalmente por ingerir leche, carne y huevo.

A partir de estudios comparativos realizados durante décadas con otros animales el doctor Estrada concluye:

—Encontré que 90 por ciento de la población humana padece enfermedades, mientras que solo enferma 5 por ciento de los animales silvestres. Esto tiene una causa muy clara: los animales viven de acuerdo con la naturaleza, pero hay uno que no vive así, que viola todas sus leyes. Es el único que cocina, es el único que siendo herbívoro come carne. ¡El único! Dejar de consumir leche, carne y huevos es el primer paso para recuperar la salud. Es lo primero que pido a los pacientes que acuden a mí.

Como sabemos, México es campeón mundial en obesidad infantil y ocupa el segundo lugar en la categoría de los adultos. La Encuesta Nacional de Salud y Nutrición señala que uno de cada tres adolescentes, de entre 12 y 19 años, presenta sobrepeso u obesidad. La Unicef señala que la desnutrición crónica en México sigue siendo alarmante: en el grupo de edad de cinco a 14 años, en poblaciones urbanas, es de 7.25 por ciento; la cifra se duplica en las zonas rurales.[45]

---

[45] www.unicef.org/mexico/

¿El veganismo por sí solo es la respuesta a la mala nutrición? O en otro sentido ¿el consumo de carnes, lácteos y huevos es el único responsable de la desnutrición y obesidad? Tanto una dieta omnívora como una vegetariana o vegana mal llevadas generarán una mala nutrición, de eso no hay duda, pero el consumo de carne y derivados animales nos hace más propensos a la obesidad y a las enfermedades crónicas mencionadas. El aumento de peso no es propiamente el problema, sino parte de una alteración metabólica que daña los órganos vitales.

Transición hacia una dieta basada en vegetales

Hay personas que dicen haber pasado de una dieta omnívora a una vegana en un solo día. Desde mi punto de vista, lo conveniente es empezar por una dieta vegetariana. Eliminar la carne roja, la carne blanca; luego el pescado y mariscos y más adelante los lácteos y huevos. Una dieta vegetariana tendría que contemplar, precisamente, los vegetales como principal fuente de alimentación, y los lácteos y huevos como opción secundaria. Esto se conoce como dieta ovo-lacto-vegetariana. ¿Cuánto tiempo se debe seguir este régimen? Depende de cada persona, de su capacidad de adaptación. Si tu intención es llegar a adoptar una dieta vegana, no hay problema con comenzar siendo vegetariano por meses o años. Puede ocurrir que cuando dejes la carne y otros productos de origen animal sientas que te quedas con hambre. Esto se debe a que la carne es de difícil digestión; digamos que cae pesada, lo que puede confundirse con una sensación de plenitud o saciedad. La alimentación vegetal, por el contrario, es de más rápida digestión y menos calórica. Quizá sientas que algo te falta. Por ello, es conveniente empezar con preparaciones un tanto más sustanciosas y agregar tentempiés entre las comidas principales.

Si haces un cambio repentino puede sobrevenir lo que diversos nutriólogos llaman la «crisis curativa», que consiste en una depuración del cuerpo por sus vías de salida, es decir, puede haber diarrea, gripe, alguna reacción como urticaria o incluso fiebre. Esto se interpreta como una «descompensación» pero es en

LA ALIMENTACIÓN VEGANA | 125

realidad un proceso de adaptación de tu cuerpo. Si adoptas la alimentación vegetariana paulatinamente, lo más probable es que esto no ocurra. Recuerda que cada organismo es un universo en sí mismo y son muchos los factores que determinan una buena salud, además de la alimentación. No hay una sola dieta que funcione para todos.

Debes encontrar el equilibrio espiritual, emocional y físico que requiera tu cuerpo. Tu viaje hacia el veganismo será una valiosa oportunidad para hacerlo. Durante el proceso de transición no dejes de informarte y observar la respuesta de tu organismo. Como sucede con cualquier plan alimenticio, es recomendable consultar con un especialista. Puede ocurrir que tu médico indique que necesitas reforzar algún aspecto de tu alimentación. Lo recomendable es acudir con un profesional que tenga tanto preparación como sensibilidad respecto al vegetarianismo y al veganismo. La medicina convencional no considera estos regímenes alimenticios como opciones saludables. Por el contrario, los médicos y nutriólogos formados en el sistema de educación tradicional suelen afirmar que es necesario comer carne para estar sanos. En gran medida sus recomendaciones buscan incluir alimentos de todo tipo con el argumento o la creencia de que si se come de todo nada va a faltar. Sus planes alimenticios frecuentemente se concentran más en el conteo calórico que en los nutrimentos que se ingieren.

Conoce tus alimentos

Ahora te mostraré que no es difícil llevar una dieta balanceada. Para ello, te presento algunos de los nutrimentos que tal vez no sepas que están presentes en los vegetales, así como cuadros de equivalencias que te ayudarán a descubrir dónde y cómo obtenerlos.[46] He omitido las vitaminas, excepto la B12, puesto que

---

[46] Fuentes: Hospital Materno-Infantil de la Universitat de Barcelona, Sant Joan de Déu. Consultado en septiembre de 2016 en http://www.guiametabolica. org/sites/default/files/tabla_equivalentes_proteinas_v2_tot.pdf

es ampliamente conocido el valor vitamínico de los alimentos vegetales. Incluyo tanto productos comunes en la dieta promedio del mexicano como algunos importados, o más costosos, pero que ya circulan en tiendas y supermercados.

Proteínas

Las proteínas son compuestos orgánicos esenciales para nuestro metabolismo. Están conformadas por 20 aminoácidos[47] cuya función es crear y mantener nuestras células, permitiendo que se metabolicen los alimentos. Pequeñas raciones al día son suficientes para tener una buena salud. Si te interesa seguir una dieta vegana, sana y equilibrada, combina diversos alimentos vegetales para contar con todos los aminoácidos que tu cuerpo necesita. Hay nueve aminoácidos esenciales que los adultos deben consumir, pues ayudan a mantener la salud. El resto de los aminoácidos los fabrica el cuerpo mediante la transformación de los nutrimentos ingeridos. A estos se les llama «aminoácidos no esenciales».

Los alimentos de origen animal contienen todos los aminoácidos esenciales, mientras que los alimentos de origen vegetal pueden contener proteína completa o incompleta. Muchos alimentos de origen vegetal tienen proteínas completas (cereales, leguminosas y oleaginosas). En cuanto a las frutas y verduras puede haber ausencia parcial o total de algún aminoácido, generando proteínas incompletas. Algunos productos conocidos

---

National Institute of Arthritis and Musculoskeletal and Skin Diseases, US Health & Human Services Department. Consultado en septiembre de 2016 en http://www.niams.nih.gov/Health%5FInfo/bone/bone%5FHealth/Nutrition/#a

The Vegetarian Society UK. Consultado en septiembre de 2016 en https://www.vegsoc.org/vitaminsminerals

Toronto Vegetarian Association. Consultado en septiembre de 2016 en http://www.ivu.org/spanish/trans/tva-dairyfree.html

[47] Tradicionalmente se ha hablado de 20 aminoácidos, pero se considera que la selenocisteína es el número 21 entre los aminoácidos protéicos.

como *superfoods*, o superalimentos, de los que probablemente has escuchado hablar (entre ellos la quinoa, el trigo sarraceno, las semillas de cáñamo o semillas de soja), en efecto son sumamente nutritivos, aunque con frecuencia son importados y más costosos. Una dieta que incluya frijoles, tortillas, quelites, lentejas, almendras, amaranto (alegrías) y avena te proporcionará proteínas de alto valor biológico. Como la absorción de las proteínas animales es de alrededor de 90 por ciento, mientras que las de origen vegetal es de 60 y 70 por ciento, debes procurar que tu dieta incluya distintas variedades de alimentos vegetales. Así podrás obtener las proteínas que tu cuerpo necesita.

De cualquier manera, siempre surgen dudas. Las preguntas más frecuentes sobre este tema son:

☼ **¿Cuántas proteínas necesito?** La cantidad es variable dependiendo de tu edad, peso y actividad física. La Organización Mundial de la Salud (OMS) recomienda a los adultos ingerir cada día 0.8 gramos de proteínas por kilogramo de peso. Los deportistas, más aún los de alto rendimiento, tienen requerimientos mayores. La edad, sexo, estado general de salud y actividad física son factores que deberás tomar en cuenta. Una vez más te recomiendo que escuches a tu cuerpo.

☼ **¿Dónde las obtengo?** Las equivalencias que te muestro son las aprobadas por el Instituto Nacional de la Nutrición Salvador Zubirán y por la Comisión Nacional de Alimentación. Empiezo por las proteínas de origen animal para que tengas un punto de comparación:

Porción comestible (alrededor de 100 gramos de cada producto)	Gramos de proteína que contiene
CARNES Y VÍSCERAS	
Pollo	18.6
Cerdo en canal	13.4
Carne de res magra	20.9
Hígado de cerdo	21.4
PESCADOS Y MARISCOS	
Bagre	17.6
Mojarra	19.2
Almejas	14.0
Camarón crudo	18.1
LÁCTEOS	
Leche	3.3
Yogur natural	5.2
Queso Cotija	28.2
Queso fresco de vaca	15.3
Queso Chihuahua	28.8
Queso Oaxaca	25.7
Queso cottage	12.4
Huevo entero fresco	12.1

Dale un vistazo a los contenidos de los alimentos vegetales en el cuadro de la siguiente página.

Porción comestible (alrededor de 100 gramos de cada producto)	Gramos de proteína que contiene
CEREALES	
Tortilla de maíz amarillo	4.6
Tortilla de maíz blanco	5.9
Alegría natural	12.9
Alegría tostada	13.5
Hojuelas de avena	16.2
Maíz palomero	12.2
LEGUMINOSAS	
Alubia	20.3
Frijol bayo/blanco/negro	21.8 - 22.7
Garbanzo	20.4
Lentejas	22.7
OLEAGINOSAS	
Ajonjolí	22.4
Almendras	22.5
Cacahuate tostado	23.7
Semilla de calabaza	36.9

Como ves, el valor proteico de los vegetales no le pide nada al de los productos animales.

Por supuesto que no tienes que aprender estas equivalencias. Solo ten presente que, en términos generales, los cereales aportan 12 por ciento de proteína; las leguminosas y oleaginosas entre 20 y 22 por ciento, mientras que las carnes, en general, aportan 20 por ciento. Con los alimentos vegetales tienes además las vitaminas y toda la fibra, sin asomo de colesterol (¡en el reino vegetal el colesterol simplemente no existe!). Con estos elementos saca tus propias conclusiones.

Además de los ejemplos mencionados, la soya es una buena fuente de proteínas. En particular, la texturizada es muy popular, no únicamente entre vegetarianos o veganos, sino entre omnívoros, pues imita el sabor y consistencia de la carne, lo que permite preparar muchos platillos. Debes saber que el grueso de la soya que se comercializa es transgénica, incluida la soya texturizada. Esto es importante para quienes quieren evitar en su dieta los organismos modificados genéticamente (OMG). Por cierto, para algunos la soya texturizada resulta indigesta, así que haz la prueba. Como sea, lo importante es que, en general, los productos procesados integren una parte mínima de tu dieta.

Otro aspecto importante es la cantidad. Una dieta moderada en proteínas es suficiente para mantenerte sano y con energía. Una alimentación convencional, que consiste en desayunar huevo en la mañana, comer pechuga o carne de res en la comida y cenar quesadillas, aporta el doble de proteína de lo que indica la recomendación de 0.8 gramos por cada kilo de peso. Esto es muy importante, pues se trata de uno de los factores principales que llevan al sobrepeso y a la saturación de los órganos vitales.

Al sustituir esos productos por alimentos de origen vegetal (cereales, leguminosas, oleaginosas, verduras y frutas), el cuerpo descansa, liberándose de las saturaciones. Consecuentemente, se baja de peso y se recupera la salud. En otras palabras, el peso y la salud no solo dependen de la cantidad de alimento, sino de la calidad de los alimentos consumidos.

Calcio

La función de este mineral es muy importante pues ayuda a formar y mantener los huesos y dientes. También es primordial en funciones como la circulación y coagulación de la sangre, la secreción de hormonas, el funcionamiento de las neuronas y del corazón.

Hay quienes creen que las mejores fuentes de calcio están en la leche. Aunque los lácteos lo contienen, hay tanto veganos como no veganos que prefieren no consumirla por su alto contenido de grasas saturadas, colesterol, proteínas alergénicas, lactosa o simplemente porque les cae mal. Diversas investigaciones vinculan el consumo de leche a la diabetes juvenil.[48] Afortunadamente, hay muchas fuentes vegetales de calcio.

---

[48] Physicians Committee for Responsible Medicine, consultado en http://www.pcrm.org/health/diets

Igual que sucede con las proteínas, la gente suele formularse las siguientes preguntas:

○ **¿Cuánto calcio necesito?** En promedio, una persona de entre 19 y 50 años de edad puede requerir hasta 1,000 mg de calcio diariamente. Las mujeres a partir de los 51 años, y los hombres a partir de los 71, lo mismo que las mujeres embarazadas o en lactancia, pueden requerir un aumento de la ingesta de calcio hasta llegar a entre 1,200 y 1,300 mg por día.[49] Sin embargo, estos datos no son definitivos pues hay culturas en las que el consumo de calcio es mucho menor (500 mg) y, sin embargo, mantienen bajos índices de osteoporosis. Esto puede deberse a que hay muchos otros factores que interactúan determinando la absorción del calcio, como la combinación de alimentos, el ejercicio, el peso, el estilo de vida en general y, desde luego, la genética. En suma, para combatir la osteoporosis es necesario investigar las causas de la pérdida de calcio y no contentarse con un aumento en su consumo.

○ **¿Cómo lo obtengo?** Enseguida te presento algunos alimentos de origen vegetal con calcio, así como la cantidad que contienen de este mineral.[50] Te hago notar que no es necesario contar tu ingesta de calcio. Ningún alimento es fuente de calcio en exclusiva (salvo los suplementos, que no son alimentos en sentido estricto). En la naturaleza, prácticamente todos los alimentos vegetales, frutas y verduras tienen en mayor o menor proporción vitaminas y minerales. En el cuerpo, las vitaminas y minerales trabajan en conjunto y no en forma aislada.

---

[49] US Department of Health & Human Services, consultado en septiembre de 2016 en http://www.hhs.gov

[50] Unión Vegetariana Internacional, consultado en septiembre de 2016, http://www.ivu.org/spanish/trans/tva-dairyfree.html

Alimento/ porciones	Cantidad de calcio en miligramos
Garbanzos hervidos (200 g)	92
Habas cocidas (200 g)	90
Brócoli cocido (95 g)	72
Espinacas hervidas (130 g)	208
1 taza de alubias	161
1 taza de frijoles cocidos	128
Melaza oscura 1 cucharada	137
Hummus 1/2 taza	81
Quinoa 1 taza	50
Tahini 2 cucharadas	128
Tofu blando (sin calcio) ¼ taza	67
Tofu firme (con calcio) ¼ taza	430
Higos secos (4 higos)	168
Vaso de leche de soya fortificada	(según la marca) 200 a 300
¼ de taza (28 g) de almendras	80
2 tazas de kale cruda (hortaliza también conocida como col berza)	188 de calcio (además contiene vitamina K, A y C)
1 taza de kale hervida	266
Una naranja mediana	65 (además contiene vitamina C y potasio)
Jugo de naranja fortificado*	300
5 higos deshidratados	135
Una porción de avena enriquecida	350

*Estos productos contienen calcio añadido. Es importante saber que en los alimentos «veganos industrializados» se pierde la vitalidad a causa del procesamiento. El solo hecho de envasarlo puede minar sus propiedades, aunque se trate de un producto que consideremos «natural» o que se anuncie como tal.

Lo recomendable es que procures ingerir la cantidad de calcio que tu cuerpo requiere a través de alimentos no procesados. Sin embargo, hay médicos que recomiendan (a omnívoros y veganos) suplementos de calcio para combatir la osteoporosis, sobre todo a las mujeres mayores de 40 años y a aquellas con antecedentes familiares de padecer este mal. Hay que tomar en cuenta que el calcio suplementado es poco soluble. El hecho de que lo consumamos en comprimidos, incluso con vitamina D, no garantiza que este elemento se vaya a los huesos. Puede haber calcio circulante que termina eliminándose por la orina y nunca entra a los huesos. Además, quienes toman suplementos y no consumen suficiente líquido (dado que los suplementos son poco solubles), pueden llegar a generar con mas facilidad cálculos renales. Insisto, entonces, en que la mejor manera de ingerir calcio es por medio de alimentos que ya lo contienen, porque su solubilidad es mayor.

Finalmente, el calcio, por sí mismo, no resuelve nada. Una dieta vegana (como una omnívora) con alimentos ricos en azúcares, pastas y arroces refinados, es un riesgo para la salud ya que desmineraliza tu organismo por acidificación.

Hierro

El hierro es otro mineral indispensable para tener un organismo sano. Se encarga de facilitar el transporte del oxígeno a nuestros tejidos, es un activador del complejo vitamínico B, ayuda a convertir la glucosa en energía y tiene un papel importante en la formación de las proteínas de músculos y huesos. Su carencia genera anemia. Podemos decir que la presencia del oxígeno en el cuerpo provoca combustión. Para que la glucosa haga combustión y libere energía se requieren tanto vitaminas del complejo B como minerales —entre ellos el calcio—. Por eso decimos que ni las vitaminas ni los minerales trabajan aislados. Para que ocurra una reacción metabólica de liberación y obtención de energía, necesitas las vitaminas y minerales que trabajan en equipo.

⚙ **¿Cuánto necesito?** Considerando lo anterior, y únicamente como referencia, se establece que las mujeres adultas necesitan entre 8 y 18 mg diarios. Para los hombres,
la recomendación va de los 8 a los 11 mg. Para mejorar la
absorción de hierro consume alimentos ricos en vitamina C, contenida en las hojas verde oscuro y en los cítricos.
Agregar limón a los aderezos de tus ensaladas es una muy
buena idea para mejorar dicha absorción.

⚙ **¿De dónde lo obtengo?** Te presento una breve tabla de
equivalencias:

Alimento	Cantidad de hierro en miligramos
Una taza de frijol de soya (cocido)	8.8
Una taza de lentejas cocidas	6.6
Una taza de frijoles (rojos)	5.2
Una taza de garbanzos	4.7
Una taza de habas	4.5
Una taza de acelga cocida	4.0

Ácidos grasos Omega 3

Son ácidos grasos esenciales poliinsaturados que tienen funciones antiinflamatorias y anticoagulantes, disminuyen la presión
sanguínea, reducen los niveles de colesterol, los triglicéridos,
y reducen el riesgo de padecer accidentes cerebrovasculares.
Combaten algunos tipos de cáncer y favorecen tanto el buen funcionamiento del corazón como del cerebro.

⚙ **¿Cómo los obtengo?** Generalmente creemos que solo
pescados como el atún y el salmón los contienen, pero hay
muchas semillas que tienen la cantidad que necesitamos

de Omega 3. Existen suplementos alimenticios veganos que lo contienen, como el Omega 3DHA, pero los podrás obtener de los siguientes alimentos vegetales sin necesidad de recurrir a la farmacia:

- Lechugas, espinacas, verdolagas
- Fresas
- Nueces
- Semillas (pepitas) de calabaza
- Semillas de chía
- Semillas y aceite de linaza
- Semillas y aceite de cáñamo
- Aceite de canola

Vitamina B12

Es un nutrimento que ayuda metabolizar las proteínas, a mantener sanos los glóbulos rojos y a formar la mielina, que es la capa protectora de las fibras nerviosas, por lo que es necesaria para el correcto funcionamiento del sistema nervioso central. También ayuda a conformar el ADN de todas nuestras células. Se trata de una vitamina fuera de lo común. Es la más compleja de todas. El hígado puede almacenar vitamina B12 por años. Aunque la cantidad que requiere nuestro cuerpo es muy pequeña, su ausencia es grave, ya que puede generar males como la anemia y diversas neuropatías. Cuando la consumimos en alimentos viene asociada a las proteínas. Como requiere del ácido clorhídrico del estómago y de las enzimas estomacales para poder ser liberada, hay especialistas que consideran importante el consumirla mediante los alimentos que son fuentes naturales de micronutrientes varios (la sinergia vuelve a estar presente).

Un problema frecuente tanto para los veganos como para los omnívoros es la poca o nula absorción de vitamina B12. Las causas pueden ser diversas. Entre estas destaca la edad (muchas personas mayores de 50 años pierden la capacidad de absorber este complejo vitamínico a partir de los alimentos). Esto también puede ocurrir en quienes se han sometido a cirugías gastrointestinales, a operaciones para bajar de peso, o en quienes padecen trastornos digestivos como gastritis crónica, así como celiaquía o la enfermedad de Crohn.

✿ **¿Cuánta necesito?** Requieres al menos 3 microgramos de vitamina B12 al día, siempre y cuando la ingesta se realice en tres comidas, pues se absorbe mejor en pocas cantidades; de otro modo deberás ingerir mayor cantidad. La buena noticia es que es realmente muy fácil conseguir la cantidad apropiada de vitamina B12.

✿ **¿Cómo la obtengo?** Generalmente los omnívoros la obtienen consumiendo vísceras como el hígado de res, huevos, carne, productos lácteos o en mariscos como las almejas. Al seguir una dieta vegana, la encontrarás en muchos alimentos que se venden en los supermercados: cereales, levaduras, leches de avena, almendras y jugos enriquecidos con B12. Si prefieres los suplementos en tabletas, la mayoría de los multivitamínicos la incluyen. La puedes tomar como parte del complejo B o en forma aislada. Si optas por esta presentación, puedes tomar 10 microgramos al día, 2,000 microgramos semanales, o incluso existen inyecciones que se pueden aplicar algunas veces al año (según el fabricante). Y esto va, reitero, no solo para los veganos, sino para los omnívoros.

Aunque la mayor fuente de vitamina B12 en una dieta vegana, sin suplementos o alimentos industrializados, serían la levadura de cerveza y el alga espirulina. Stephen Walsh, consejero de la Sociedad Vegana del Reino Unido, así como otros integrantes del Grupo Científico de la Unión Vegetariana Internacional, aseguran que los alimentos fortificados con B12 (los mencionados cereales, leches vegetales, etc.), o los suplementos de B12 en tabletas son, para los veganos, las únicas fuentes confiables para la obtención de una cantidad adecuada de este nutrimento. Cada vez hay mayor investigación sobre esta huidiza vitamina, por lo que hay que estar al pendiente de las novedades sobre su funcionamiento y sobre cómo obtenerla de manera segura.

Algunas recomendaciones

Seguramente sientes que navegas en un mar de información sobre tu nuevo estilo de alimentación. Tómalo con calma. La mayoría de las personas, veganas o no, descuidan este aspecto vital que todos deberíamos tomar en cuenta. Es el momento de decidir qué y cómo quieres comer. Enseguida te presento siete recomendaciones para hacer más sencillo y placentero este cambio.

1. Procura que tu alimentación se base principalmente en productos no procesados, de temporada, locales, y a los que tengas acceso con mayor facilidad, tanto por su disponibilidad en los supermercados o tianguis, como por su precio. Contrariamente a lo que se cree, ser vegano no tiene por qué representar un quebranto en tu economía. A menos que te interesen determinados productos industriales que, insisto, no son indispensables, puedes lograr una alimentación equilibrada sin gastar más de lo que acostumbras. La comida tradicional mexicana es rica en fuentes de nutrición vegetales, por lo que no tienes que alejarte gran cosa de lo que normalmente consumes.

2. El sabor es importante. De hecho, muchas personas se niegan a dejar la carne porque les gusta. Comer vegano no es resignarte a sabores simples, sino ofrecer nuevas experiencias a tu paladar. Tu nuevo estilo de vida también puede acercarte a muchos productos que antes dejaste pasar inadvertidos o que simplemente no conocías: nuevas frutas, verduras, hojas, flores, raíces, hongos, brotes, vainas,

semillas, tallos y cortezas, cuya variedad y sabor te sorprenderán. Descubrirás mieles y edulcorantes vegetales, aderezos, bebidas y especias que estimularán tu paladar. ¿Conoces el *tempeh*, el *seitán*, el *faláfel*, el *kale* deshidratado, la cúrcuma, el *baba ghanoush*, las samosas, la *chana masala*, o las *pakoras*? Muchos de estos alimentos forman parte de tradiciones culinarias de países lejanos cuya riqueza estás por conocer. Algunos de estos platillos son fritos; considera que tienen alto valor calórico. Si los consumes rutinariamente puedes subir de peso.

3. Veganiza tus comidas favoritas. Esto lo puedes hacer con alimentos no industrializados. Por ejemplo, hay una gran variedad de setas y hongos que puedes utilizar en guisados para sustituir la carne, conservando el sabor al usar las mismas salsas y aderezos. La coliflor finamente picada también puede usarse en lugar de la carne para preparar salsas suculentas, como la boloñesa. El hongo portobello es una verdadera delicia con la que se pueden hacer sándwiches si lo cortas en rebanadas. Las leches (lechadas) vegetales hechas en casa a base de avena o almendras, te permitirán disfrutar de muchas bebidas que acostumbras. También puedes elaborar «quesos y mantequillas» con una base de nueces o coco. Los patés vegetales son deliciosos y muy sencillos de preparar a partir de ingredientes como pimientos o aceitunas. Algunas semillas, como la chía o la linaza, al ser remojadas desprenden una sustancia viscosa conocida como mucílago que puede sustituir al huevo como aglutinante. Puedes usarla en postres o en la elaboración de croquetas y hamburguesas a un bajísimo costo.

4. Regálate un recetario, o explora páginas de Internet que ofrezcan una extensa variedad de platillos que puedas adaptar a los ingredientes que tienes a mano. Experimenta. Si puedes, asiste a talleres de cocina. Serán una magnífica oportunidad para descubrir platillos, informarte y conocer gente que comparte tu interés por la nutrición.

Algunas de las opciones que hay en México son:

- La Salud Interior, ubicado en la Ciudad de México. Este centro proporciona cursos, talleres y diplomados de alimentación vegetariana y vegana, además de contar con una tienda.
- El chef Claudio Hall, fundador de Gourmet Raw, ofrece talleres, al igual que la chef Renée Solari y la nutrióloga Claudia Zapién. Los tres tienen páginas en Internet donde encontrarás más detalles sobre sus cursos.

5. Si no tienes mucho tiempo para cocinar, dedica un momento cada semana para planear lo que quieres comer los siguientes días. Dedica una o dos mañanas a preparar tus alimentos. Así ahorrarás tiempo y dinero, pues podrás elaborar caldos o sopas con el agua de cocción de algunos vegetales, por ejemplo; o podrás aprovechar el tiempo de reposo de un platillo mientras rallas y picas ingredientes de otro. Apunta lo que necesitas y asegúrate de adquirirlo en una sola visita al supermercado. Ten cerca de tu refrigerador y alacena una libreta donde puedas apuntar los productos que están por terminarse. De este modo tendrás la lista del súper siempre actualizada, lo que te ahorrará tiempo. Aunque sean pocas las horas que destines a cocinar, disfrútalo y conviértelo en una experiencia placentera, ya sea que lo hagas individualmente, con tu familia o amigos. Nunca olvides que tu intención es darle a tu cuerpo la mejor alimentación posible.

6. Prepárate para los antojos. Lleva contigo una ración de frutos secos. También puedes acudir a la jícama, pepinos y jitomates aderezados con limón y chile piquín, que son buenos acompañantes que te quitarán la sensación de vacío en el estómago y evitarán que caigas en la tentación de la comida chatarra. Si acostumbras comer tres veces al día agrega dos colaciones, a media mañana y a media tarde.

7. Dedica el tiempo necesario a tus comidas. Solemos comer, sobre todo en etapas de estrés o cuando trabajamos largas

jornadas, como si se tratara de un mero trámite. Aunque te suene extraño, la forma en que masticas está relacionada con la manera en que se aprovechan los alimentos. No lo hagas automática o apresuradamente . Date tiempo para disfrutar tus comidas.

Canasta básica vegana

Procura tener siempre dos o tres variedades de cada uno de estos grupos de alimentos. Algunas de ellas se pueden conservar en el refrigerador. Las frutas, particularmente el plátano, los dátiles y las peras, hay que mantenerlos en el exterior. El melón o sandia deben entrar en el refrigerador solo una vez abiertos. Debes cuidar que tu alacena siempre este surtida de:

Alimentos no procesados

○ **Verduras y hortalizas**: acelgas, apio, espinacas, berenjena, coliflor, lechuga, pimiento, rábano, alcachofa, cebolla, puerro, zanahoria, betabel, papa, nabo, zanahoria, berenjena, jitomate, calabaza, calabacitas, germinado de soya y alfalfa.

○ **Plantas aromáticas**: albahaca, laurel, cilantro, perejil, romero, menta, salvia, tomillo.

○ **Frutas ácidas**: limón, lima, naranja, toronja, piña, maracuyá, fresa, granada.

○ **Frutas semiácidas:** manzana, cerezas, moras, melocotón albaricoque, nectarina, ciruela, cereza, mango níspero, granada, grosella, frambuesa membrillo.

○ **Frutas dulces:** plátano, uva, chirimoya, higo, pera papaya. Melón y sandía: frutas con alto contenido de agua.

○ **Cereales:** maíz, amaranto, arroz integral, quinoa, trigo entero, avena, cebada.

○ **Leguminosas:** chícharos, frijoles, garbanzo, alubias, habas, lentejas.

○ **Frutos secos:** ciruela pasa, uva pasa, albaricoque, dátil.

○ **Semillas oleaginosas:** almendras, avellanas, cacahuates (es una leguminosa pero popularmente se come como

fruto seco), castañas, nueces, semillas de calabaza (pepitas), girasol, chía, linaza.
♻ Aceitunas
♻ Aguacate

De alimentos envasados o empacados

♻ **Pastas.** De trigo integral, arroz integral, galletas y pan integral.

♻ **Tapioca.** Se elabora a partir de la mandioca y sirve para preparar sopas y postres. La encontrarás en forma de pequeñas perlas blancas.

♻ **Tofu.** Los hay duros, suaves y semisecos. Te recomiendo los firmes, pues tienen mayor contenido de calcio, pero con los suaves puedes preparar postres y los semisecos te pueden servir para complementar tus recetas. Hoy en día hay una gran variedad de texturas y presentaciones. De nuevo, no olvides que la mayor parte de las soya es transgénica, por si quieres evitar los OMG.

♻ **Tempeh.** Se vende en forma de barra. Es un alimento que resulta de la fermentación de la soya y forma parte de la gastronomía del sureste de Asia.

♻ **Leches.** De arroz, avena, que se venden comercialmente. Por supuesto, puedes preparar algunas de estas leches vegetales, pues no es complicado, aunque sí se requiere de algo de tiempo.

♻ **Cremas.** De cacahuate, de avellana. Tienen alto valor calórico. Puedes comprarlas industrializadas, pero también es muy sencillo elaborarlas en casa.

♻ **Aceite de oliva.** Como aderezo de tus platillos. Procura freír lo menos posible los alimentos, pues el proceso químico que se genera no es positivo para la salud. Mantén el aceite en un lugar sin luz y no lo reutilices.

Algunas marcas

Cuando se inicia una transición al veganismo (generalmente habiendo pasado por una etapa vegetariana), puede ser muy útil contar con sucedáneos de la carne y sustitutos de los lácteos. Sin embargo, al ser productos industrializados no te recomiendo convertirlos en el centro de tu alimentación. Todos queremos ahorrar tiempo en la preparación de nuestras comidas, por lo que resulta muy cómodo abrir una lata, pero si te organizas puedes cocinar dos veces por semana alimentos no procesados y más saludables, como ya mencionamos líneas atrás. De cualquier modo, siempre es agradable darnos algunos lujos, así que, dependiendo de tu gusto y presupuesto, estas son algunas de las marcas comerciales más comunes y de mejor calidad que se venden en México.

✿ **Quesos y cremas.** Toffuti tiene un sustituto de queso tipo Philadelphia muy rico, aunque la crema no me convence del todo. La marca Daiya ofrece presentaciones de queso untable natural y en diferentes sabores; son realmente muy buenos. Hay quesos artesanales fabricados a partir de nuez de la India que tú también puedes elaborar en casa sin ningún aditivo. Son exquisitos. Dalos a probar a tus amigos no veganos y verás los resultados. También se vende en México la marca GoVeggie, que ofrece alternativas untables o para espolvorear. Sus productos están elaborados a base de coco, no contienen ingredientes modificados genéticamente (OMG), lactosa, gluten ni soya.

✿ **Mantequilla.** La mayoría de las margarinas son veganas. Marcas como Earth Balance ofrecen versiones con y sin soya, elaboradas con aceite de oliva o de coco e ingredientes orgánicos. También vale la pena mencionar la popular marca I Can't Belive It's Not Butter, hecha de aceites vegetales, sin saborizantes ni conservadores artificiales, según anuncia su empaque.

✿ **Yogur.** Hay marcas, como Biolei, a base de soya. En lo personal prefiero los sustitutos de yogur elaborados artesanalmente con nuez de la India. Son deliciosos y vienen en presentaciones naturales o endulzadas. Los omnívoros los van a adorar. Se pueden adquirir en la cadena Vegan Ville.

☼ **Huevos.** Hay un producto llamado The vegg que tiene un aspecto y gusto similar al huevo, por si extrañas su sabor o por si te interesa preparar recetas que normalmente llevan huevo, como *hot cakes*.

☼ **Carne.** Boca es una marca que ofrece hamburguesas vegetarianas a los nostálgicos de la carne de res.

☼ **Embutidos.** Si un domingo frente a la televisión se te antoja un *hot dog*, la marca Lightlife te da esta posibilidad. Soi-yah! también comercializa «jamón» vegano.

☼ **Patés.** La marca Santiveri tiene patés vegetales, ya sea a las finas hierbas, con champiñones o setas. En algunos utiliza albúmina de huevo, por lo que en sentido estricto no serían veganos, sino vegetarianos.

☼ **Sucedáneos.** De atún, camarón y pescado. El Jardín Conciencia Vegana tiene una extensa variedad de alimentos listos para servirse. Los puedes ordenar en su tienda *online* o en establecimientos especializados.

☼ **Mayonesa.** La marca Your Heart distribuye en México Vegenaise, un aderezo a base de soya. Sin embargo, el sabor no me convence, por lo que prefiero utilizar aderezos de mostaza, vinagre y miel de agave.

☼ **Chorizo y chilorio.** La marca mexicana Chata elabora un chilorio con el que, te apuesto, podrías engañar a tus amigos no veganos haciéndoles creer que está hecho con carne. Si quieres elaborarlos tú mismo a partir de soya texturizada (que, ya dijimos, hay que ingerir con reservas), sazónala a tu gusto con chile guajillo, pasilla, chiltepín o achiote. Lograrás satisfacer a los más exigentes.

☼ **Tamales.** Recuerda que los tamales se elaboran generalmente con manteca de cerdo, por lo que aunque no contengan pollo o queso, no son veganos. Sin embargo, ya hay sitios donde los encontrarás vegetarianos y veganos, entre otros VegeTamal, Tamalli y Los tamales de Don José, todos ellos con sucursales en la Ciudad de México y otros estados del país. Acompáñalos con atole de avena y nuez.

Hay quienes aseguran que es ridículo y contradictorio buscar el sabor de la carne, lácteos o huevos cuando se es vegano. Por mi parte, estoy convencida de que es válido y respetable reproducir los sabores que uno desee. Después de todo, muchas personas se han hecho veganas no porque rechacen el sabor de los alimentos de origen animal, sino por salud y porque piensan que el veganismo es una opción compasiva con los animales.

Complementos alimenticios

No está de más reiterar que lo recomendable es obtener los nutrimentos a partir de productos naturales, pero hay quienes desean complementar su alimentación por la vía del suplemento. En las tiendas de complementos alimenticios hay algunas variedades de proteína vegetal. En los mismos empaques encontrarás la información que requieres sobre la cantidad de producto necesario y sus aportes nutrimentales. Entre otras marcas, mencionaré Nutrilite, MyVegies, N.B. Soy Protein y Vega.

Comer fuera de casa

Los restaurantes veganos o vegetarianos son, como es evidente, aptos para omnívoros. En todas las guías de restaurantes, impresas y en la red, encontrarás sitios vegetarianos y veganos. No es mala idea visitarlos tú primero para verificar la calidad y sabor de los platillos, así como la atención que brindan. Otra opción son los negocios que ofrecen servicio a domicilio. Hace algunos años, en la Ciudad de México surgió un concepto que está siendo reproducido en otras ciudades. Me refiero a los Loosers, jóvenes que preparan comida casera vegana y la reparten en bicicleta. También hay taquerías veganas en varios puntos del país, por si tienes ganas de un antojito de vez en cuando. En los restaurantes de cocina asiática encontrarás diversas posibilidades, por ejemplo sushi, tempura, arroz o teppanyaki que podrán prepararte sin productos de origen animal. En la mayoría de los restaurantes y fondas mexicanos encontrarás alimentos que no contienen carne, lácteos, ni huevo. Conforme solicites alternativas veganas, los restaurantes empezarán a incluirlas en su menú, como ya ocurre en muchos sitios. Cuando viajes en avión, anuncia tus preferencias alimenticias cuando te registres. Así sabrán que deben incluir alimentos veganos o vegetarianos, y podrás disfrutar de un viaje placentero.

Alimentación vegana y deporte

La alimentación vegana será un coadyuvante para mantenerte sano y sentirte ligero. Si ya practicas un deporte, no temas seguirlo haciendo; incluso puedes esperar mejores resultados. En el libro *Very vegetarian*, de Jannequin Bennett, el atleta olímpico Carl Lewis reveló que en la cumbre de su carrera deportiva cambió a una dieta vegana, de un día para otro, por indicación de sus médicos. Los resultados los conocemos: el llamado *Hijo del viento* obtuvo 10 medallas olímpicas, 9 de ellas de oro, y 10 medallas en los Campeonatos Mundiales de Atletismo, entre 1983 y 1996. Desde 2009, Lewis es Embajador de Buena Voluntad de la Organización de las Naciones Unidas para la Alimentación y la Agricultura, y promueve este tipo de alimentación.

Otros deportistas veganos de alto rendimiento son: el triatleta canadiense Brendan Brazier, campeón de numerosos triatlones olímpicos y competencias de Ironman, autor de libros sobre alimentación vegana y fundador de la marca Vega; el ruso Alexey Voyevoda, quien es campeón mundial y olímpico de *bobsleigh* o *bobsled* (carreras en trineos), fue doble medallista en los juegos invernales de Sochi y es una leyenda de las vencidas. Otros destacados atletas veganos son la velocista australiana de 400 metros, Morgan Mitchell, seleccionada olímpica de su país; la surfista

Tia Blanco, integrante del equipo estadounidense de esa especialidad; el ultramaratonista Yassine Doboun; el fisicoculturista y médico del deporte Torre Washington, y el jugador de futbol americano Griff Whalen, de los Miami Dolphins.

Con estos ejemplos no debes temer iniciar o continuar un plan de actividad física. Si en algún momento te sientes fatigado, incrementa la ingesta calórica. Es muy probable que tus compañeros deportistas o entrenador se preocupen por tu nueva alimentación y crean que enfermarás o que no tendrás la capacidad de ejercitarte. Seguramente esto se debe a que la alimentación basada en animales es el único modelo que conocen. Además, existe la creencia de que los deportistas deben comer proteína animal para desarrollar sus músculos. De nuevo, la recomendación es buscar información, escuchar a tu cuerpo y procurar asesorarte con un nutriólogo especialista en alimentación vegana.

✿

A lo largo de este libro mi objetivo ha sido dirigirme no solo a quienes ya son veganos, sino a quienes están a punto de tomar una decisión tan importante. He procurado mostrar que todos podemos contribuir a mejorar las condiciones de los animales, lo que al mismo tiempo mejorará nuestra existencia. Espero haber podido compartir algunas herramientas útiles para tomar decisiones acertadas de largo plazo. Este libro busca acompañarte y darte la bienvenida no a un club privado sino a un estilo de vivir que día a día atrae a más personas y que, contando contigo, cambiará la forma de concebir la vida y el mundo que nos rodea.

Agradecimientos

Entre las personas que de diversas maneras contribuyeron a la escritura de este libro, quiero agradecer a:

Leonardo Anselmi y Núria Querol, los primeros veganos que conocí.

Mi gratitud para Vicente Herrasti por confiar en mí como autora y a Editorial Planeta por acoger el proyecto.

A Alejandro Herrera por su lectura atenta a los segmentos dedicados a la historia, legislación y filosofía, y a Gabriela Jiménez por sus aportaciones a las secciones relativas a la alimentación.

A Melanie Joy, Georges Dupras, Jesús Mosterín, Penélope Hoyo (q.e.p.d.), Claudia Edwards, Beatriz Vanda, Erick Estrada, Marielena Hoyo, entre otros especialistas a los que entrevisté.

Gracias a los veganos que respondieron mis cuestionarios y me permitieron conocer su experiencia.

Índice